お母さんのための「女の子」の育て方

花まる学習会代表
高濱正伸

実務教育出版

はじめに

ちょうど一年ほど前に、「男の子の育て方」の本を、先行して出版しました。日本の、特に「男の子たち」が育っていないという現状への危機感からでした。

ですが、これはお母さんたちの「女の子の育て方」への悩みがない、ということではまったくありません。

教室や講演会で寄せられるお母さんたちからの相談で最も多いのは、**イライラした母と娘の関係性の悩み**です。

具体的には、第一子が姉で、第二子（弟や妹）がいる母。「姉は、本当にかわいくないんですよね」と言う方が、多いのです。

自分とうまくいっていない娘のことを言うときのお母さんは、不思議なことに、みな一様に顔の相《そう》が悪くなります。

こめかみをピクピクさせながら、ため息が交じり、はき捨てるように言います。これは、息子のことを語るお母さんにはまったくない特徴です。

娘も娘のほうで実際、まだ四歳であっても、わざわざ母がイライラすることを言ったりしてくるのです。たとえば、

「お母さんだって口だけじゃん」

「その服、似合わないね」

「買い物、失敗したんじゃない」……。

いったいなぜ、こんな関係になってしまうのでしょうか？

また、一方で、この二〇年、様々な親子を見てきて強く思うことは、**「母と娘」という関係性こそがこの世の、そして人間社会の骨格なんだな**、ということです。

「母と娘」の関係によって「メシを食うこと」、そして「生活をすること」という基盤が伝承しているおかげで、霞《かすみ》を食べて生きてしまいがちな男たちがいても世の中が成り立っているのだ、と。

「将棋さえ指せれば、僕、ごはんは要りません」

「アニメさえ見てれば幸せです」

そんな理想や夢や希望だけで生きていけると信じがちな男の子ばかりでは、社会は崩壊してしまいます。

本当は頼りなく、いつまでたっても至らない男の子たちを、上手に手のひらにのせながら、社会を回していく。

そんな**地に足がついている女の子たちを育てることこそが、次世代を繁栄させ守ることに強く貢献する**のだと感じます。

今、時代は激変しています。この本を手に取ってくださった方は、私たち親世代の価値観だけで娘を育てることに、難しさを感じていらっしゃるのではないでしょうか。

フランスなどが先行していますが、大きい潮流《ちょうりゅう》として、女性も今後は、当然のように一生仕事を続ける時代がやってきます。

出産後も、仕事に復帰するのがどんどん早くなっていくでしょう。

「女性と仕事」観は今、移行期を迎えています。

また、「いい男」観も同様です。
昔は「いい男＝経済力がある男」でした。経済力がある男を捕まえれば一生安心という価値観があったのです。

時代は変わって、今は「イクメン」という言葉が流行《はや》っています。
男性に求められるものは、経済力だけではないということでしょう。
「思いやり」や「一緒にいて女の人を幸せにしてあげられる力」や「会話力」「共感力」が必要ということです。

女性が一生働き続けるのであれば、徐々に男性側の価値観も変わっていくのです。
少なくとも、「異性とのコミュニケーション力」がなければ、男女ともに結婚もできないいまたは結婚生活が続けられない時代、そして仕事もうまくいかない時代になってきたのです。

この本では、どんな潮流にもわが子が対応できるように、**「一生メシが食える」**かつ**「いいパートナーを見つけられる」女性**に育てる方法を、伝えていきます。
母親＝同性だからこそ、わかっているようでわかっていない「落とし穴」もあわせて解説していきます。

この本が悩めるお母さんたちの羅針盤《らしんばん》となり、日本の未来を支える一助になれば、と願っています。

もくじ

第2章

自立

娘が小学五年生になったら伝えたいこと（思春期編）

第3章

自立

小学三年生までに育てたい力（幼児期編）

第4章

魅力 まわりから好かれてお母さんとも仲のいい女性に育てる

第5章

学力

「苦手」「嫌い」に逃げない優秀な女の子に育てる

装丁／坂川栄治＋坂川朱音（坂川事務所）
カバーイラスト／野田あい
本文デザイン・ＤＴＰ／新田由起子・川野有佐（ムーブ）
本文イラスト／高田真弓

第1章

お母さんも知らない⁉
女の子って、こんな生き物だ！

女の子の特徴❶

ナンバーワンよりオンリーワン

男の子が群れの一番をめざす生き物であるのに比べて、女の子は誰かにとって自分がオンリーワンであれば満足する生き物だな、と思います。

男の子は、「世界一の野球選手はイチローだ」「いや、○○だ」という会話をよくしますが、女の子で一番がどうのこうのという話をしている子はあまり見たことがありません。

女の子は、常に現実の人間関係を重要視して生きているので、会ったこともないイチローが一番だろうが二番だろうが関係ありません。

現実の目の前の人から愛され、大切にされれば心が安らぐようです。

たとえば、サマースクールというお泊まり野外合宿では、夕飯時や寝るときに、低学年の子がたまにホームシックになります。

低学年の男の子は、本当にママが恋しくて寂しくて、やせがまんでなんとか乗り切るか、ギャーギャー泣いてさわいで、こちらがなんと言おうが、疲れて眠るまで泣き続けるかです。

一方女の子は、同じくホームシックになるのですが、そのおさまり方がまったく違います。先生に「特別扱い」さえされれば、あっという間に落ち着くのです。

花まる学習会では、これを「**お姫様作戦**」と言っています。

「ママ～‼」とギャーギャー泣いている女の子には、まず「ねぇ、星空を見に行かない？」と、他の子がいない空間に誘い出します。

そして、「ほら見てごらん、星がきれいだね」「○○ちゃん、がんばれ、がんばれって、またたいているんだよ」と、お姫様を扱うかのように言うと、あっという間に泣きやみます。

そのまま「星空の向こうのお母さんに、おやすみって言って寝ようか」と言うと、「うん」とうなずいて、そのまま部屋に戻ってスーッと寝ます。

目の前の人が「自分の気持ちを汲《く》んでくれて」「特別扱い」をしてくれれば、女の子はそれで気が済むのです。

この場合、見に行くのは「雪」でも「花」でも何でもいいのです。

お姉ちゃんが下の子に嫉妬《しっと》していじわるをする……なんていうパターンも、この「特別扱い」は効きます。ぜひ、試してみてください。

ホレちょっと
悲しい私を
見なさいよ

女の子の特徴❷

感情で納得

私が受け持っている教室で、先日、「作文が書けない」「絶対書かない」と泣き叫ぶ小学二年生のSちゃんという女の子がいました。

毎週なんとか書きあげて帰るのですが、その日は本当に気持ちがおさまらなかったのでしょう。

キーッとヒステリックになり、廊下まで響き渡るほどの声で、意地《いじ》になって泣いています。ものすごく反発して、「絶対やだ！」「帰る！」と泣き続け、スタッフも持て余しているようです。

こういうときは、私の出番です。

慌てず「今日は勝負だな」と覚悟を決めて、徹底して時間をかけます。

他の子がみんな帰っても泣き続けるSちゃんの横に座り、

「Ｓちゃんの将来のことを考えたら、とてもこのままでは帰せない」

「先生、Ｓがそんなふうになっちゃうのががまんできないんだ」

と、「いかにあなたのことを思っているか」ということをラブコールのように何度も言っていると、だんだん泣きやみはじめました。

そして、しばらくすると、Ｓちゃんはカリカリと作文を書きはじめたのです。


結局、一枚以上作文を書いたＳちゃん。

「うわ～、がんばったね」

「先生、嬉しいよ」

と、ややおおげさにほめ、「今日は特別な日になったね」と成功物語にしてあげて、帰します。

その日は気恥ずかしそうにして帰っていったＳちゃんでしたが、翌週からはニコニコして、別人のように「先生～」とベタベタ甘えてきました。

女の子は「とことんまで心配してくれる」という、相手の熱い気持ちに反応するの

です。

男の子が「こうこうだから、こうするとよい」と、「理屈」で説得されれば納得するのに比べて、「感情」で納得するのが女の子です。

これは、「大人になっても同じだなぁ」と感じます。

実は、花まる学習会の男性社員と女性社員に対する私の対応は違います。

女性社員に対しては、「大丈夫?」「ありがとう」というねぎらいの言葉をかけたり、小さな小さな気づかいを常に出し続けることを大事にしているのです。

「感情」が納得し、満足すれば、力を発揮し、目の前のことに取り組めるのが女の子であり、女性であるからです。

気にかけて
ねぇ気にかけて
一番に

女の子の特徴③

「かわいい」「きれい」「わかる」が基準

男の子の判断基準が「おもしろい」「カッコいい」であることに対して、女の子の判断基準は、何歳になっても、「かわいい」「きれい」「わかる」だなぁと思います。

「共感そのもの」を食《しょく》して生きているのが女の子であり、女性なのでしょう。

「小学二年生の女の子は、小学二年生の男の子よりも、二五歳の女性と考え方や感覚が似ている」という話を聞いたことがありますが、まさにその通りだなと思います。

先日も妻が、病院の女性看護師さんとペチャクチャおしゃべりをしていました。「うそうそ大変～！」と言いながら、はじめて会った方と実に楽しそうに話しているのです。

男からすると、「よくそんなことを共感できるな」と思うことを共感しあっていて、本当に独特の女性ワールドだなぁと思います。

これは、女の子も同じです。

小学一年生の女の子が教えてくれた、あるひと言が忘れられません。

「あのね、『これ、かわいいね』ってほめると、友達ができるんだよ」

ほとんど金言《きんげん》に近い言葉ではないでしょうか。

女の子同士の仲よくなる基本が「見せて～」であり、「かわいい！」であり、「きれーい」であり、「わかるぅ～」なのでしょう。

「女は小さくとも女」とは、よく言ったものです。

「わぁかわいい！」
「そう？」で始まる
お付き合い

女の子の特徴④

お世話好き

「おせっかい」「世話焼き」「面倒見がよい」というのは、女の子の特徴の一つでしょう。

もちろん、男の子のなかにもおせっかいや世話焼きの子もいますが、女の子のほうがセンスがあるし、上手だなぁと思います。

たとえば、先日見かけた年長の女の子の話をしましょう。

お迎えに来たお母さんが抱っこしている、自分の妹である赤ちゃんを撫《な》でていたのですが、その表情は、「慈《いつく》しむ」という言葉がぴったりなほど、優しく、穏やかでした。

まるでわが子に対する母の顔のようです。

自分の妹がかわいくてしかたないようで、「見て見て！　かわいいでしょ！」と自慢をしてきます。親馬鹿なお母さんみたいだなぁと、微笑《ほほえ》ましく感じるほどです。

このように赤ちゃんや小さい子に対する態度は、女の子特有のものだと思います。

たまに街中を歩いていて見かける、人形を抱っこしている小さな女の子。**まるで母であるかのように、世話をすることに情熱を燃やす**のは、女の子のおもしろい特徴です。

花まる学習会でも、お世話好きな女の子には、よく頼みごとをします。

「今日は新入会の子がいるぞ」と思ったら、事前に「○○ちゃんは、今日、はじめて花まるに来るから、いろいろと教えてあげてね」と依頼し、隣の席にします。

そうすると、「次に出すのは、たんぽぽ。この黄緑色の小さいテキストだよ」と相手がわかるように優しく教えてくれるのが、女の子のすばらしいところです。

「キューブキューブ」という立体教具の問題も、「こうなるんだよ」と、かちかちと組み合わせた立体を動かしながら教えてあげます。

相手の立場になってお世話することが上手なのです。

そして、こちらからの**「ありがとう」のひと言で、お世話好きのパワーは、さらに磨かれていく**のです。

「あら、かわいい」
私がお世話
してあげる

女の子の特徴5 おしゃべりが好き

おしゃべりが好き。この典型的な例は、お風呂です。

温泉や銭湯などへ行くと、たまに女風呂と男風呂のしきりの上の部分があいていて、会話が聞こえてくることがあります。

もちろん私は男風呂に入るのですが、体を洗っていると、女風呂からウワーンと話し声が洪水のように、男風呂になだれこみます。

男たちはみな、それを聞きながらゴシゴシ、ジャーと黙々と作業に取り組みます。

女風呂では、

「どこからいらしたの？」

「一番かわいい頃よね！　うちの子はもう育っちゃったけどね」

「そういえばね〜」……。

女性は初対面の人とも、すぐに仲よくなり、「ああだ、こうだ」とペチャクチャおしゃべりしますが、それに対して、男風呂はシーン。本当に静かなものです。

講演会でも同じです。

花まる学習会ではよく、母親向けの講演会や父親向けの講演会を行っています。母親向けの講演会がはじまる前は、ワーワーワーワーと声が響いていて、司会者が何度かアナウンスをかけて、やっと講演がはじまります。

父親向けの講演会では、シーン。誰ひとりとして隣の人と話しません。携帯電話やスマホをいじっているか、目をつぶって、無駄な情報をカットしているかです。講演会も静かにはじまります。

この「おしゃべり好き」も、やはり母から娘へ遺伝します。**おしゃべり好きなお母さんの娘はたいてい、おしゃべり好き**です。

たまに、おしゃべり好きではないお母さんもいますが、根本的には、女性のおしゃべりのエネルギーは、人と交わり生きていく力の源なのではないかと思います。

おしゃべりは、女の子の言葉の発達の早さや、語彙《ごい》力の豊富さにも繋《つな》がります。

また、魅力のある言葉づかいもすべて子どもへ伝染します。

お母さん自身が何に関心を持って、どのようなことを日頃自分の趣味として行っているか。つまり、感性が言葉の選び方に出てくるのです。

テレビを観て「○○がカッコいい」と母が言っていれば、アイドルに夢中になる子になるし、「夕焼けがきれいだね」と話していれば、子どもも美しいものや自然への感性が高くなります。

雨が降っていて、「あーあ」と母がため息をつけば、子どもも「やだなー」と言うようになります。

逆に「雨が降ってくれたから、ダムの水もいっぱいになるよね」と言えば、物事のマイナス面だけでなく、プラスの面を見る子になります。

ぜひ、母娘で**「豊かで素敵《すてき》なおしゃべり」**を！

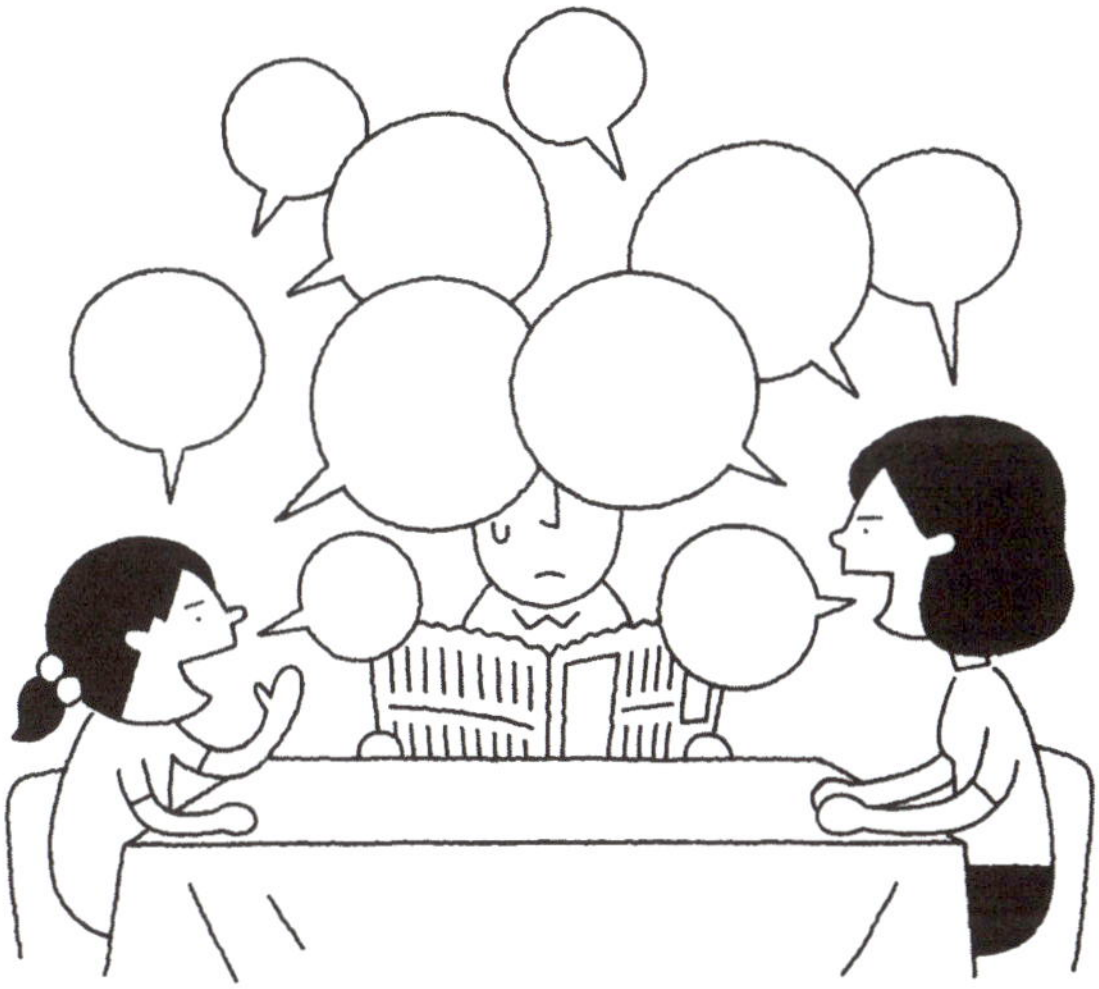

生きるとは
しゃべることなり
さあ、しゃべろう

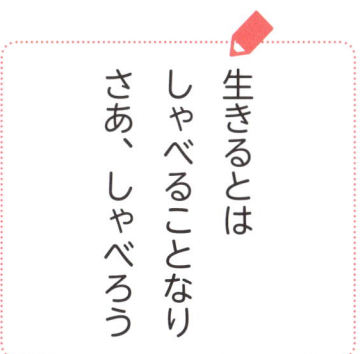

女の子の特徴❻

一緒が好き、お揃《そろ》いが好き

男性にはついぞわからない女の子の不思議な行動が、「一緒にトイレ行こ〜」と誘いあっている姿です。

「誘われてついていっているあなた、本当にトイレに行きたいの？」と、聞きたい気持ちがいつもありました。

おそらく、一緒に行って、同じようなハンカチで手を拭《ふ》いて帰ってくることで、仲間意識を再確認しているのでしょう。一緒の空間を作りにいくという表現もできるかもしれません。

たとえば、女性たちの給湯室でのおしゃべり空間や、幼稚園の送迎バスを見送ったママたちの空間など、「共感ワールド」とでも言うべき、ポカッと包まれる空間があります。

おそらく、決して盤石なものではないのですが、「私たち、仲間よね～」「私たち、一緒よね～」と確認しあうのでしょう。

行動自体に意味があるのではなく、みんなで「だよね～」という空間を作りあうのが、女の子であり、女性なのでしょう。

特に盛り上がっているのが、「あれって、ひどいと思わない？」という会話です。「あれはないよね～」「だよね～」と糾弾モードの女性の集団は、本当に活き活きとしています。

ここでも味わっているのは共感でしょう。**何かを叩くことで、連帯感が生まれる**ようです。

二〇人にひとりくらいは、「私、女子女子したのはイヤなんで～」とポツンとひとりでいることを気にしないという女の子もいます。でも、たいていの女の子はグループを作り、

「お揃いのキーホルダーなの」

「一緒に〇〇で買ったんだ」
「うちのグループのキャラクターはこれ」
と、小学生ぐらいから常に仲間意識を確認しあっています。

これは、本当に男性にはない感覚であるなぁと思います。

共感の仕草や表現がうまくできない男性陣にイラッとしている女性は多いでしょうが、小さい頃から共感ワールドでその能力を鍛えている女性と、何でも「俺が、俺が」でずっと育ってきた男性が、同じような意識を持って話しあえるはずもありません。

コミュニケーションのあり方の違いを、日々おもしろく感じますし、お互いが想像力を駆使してわかり合おうとすることの大切さを感じます。

ひどいよね
ありえないよね
嘘でしょう!?

女の子の特徴⑦

いじわるをする／いじめが神経戦

一〇年ほど前に、花まる学習会のある女性社員が言い放った言葉があります。後輩の話をしていたら、なんだか気持ちがくさくさしてきたのでしょう。

「なんだか、いじわるしたくなってきちゃったな」

衝撃的でした。

「いじわるをしたくなる」という感覚そのものが、です。

考えてみると、**女の子のいじめは小さな頃から精神的な圧迫合戦**です。男の子は精神的な圧迫をかけるという発想もなければ、考え方さえも身につかないまま、一生を終えるのではないかと思います。

どちらかというと、男の子はイラッとすると、口か手がすぐに出ます。「なんだよ」「うっせーな」でボカスカというように。
具体的な痛みであり、たたかいであるのです。
基本的に、男の子はけんか、女の子はいじめになりやすいようです。

女の子は、人間にとって何が一番きついか、幼くして知っているから神経戦で、誰かを「ハブ」にするのでしょう。さらっと「トイレ仲間」からはずす、など。

人生を語っている本には、みな一様に「人間は何がきついかというと、みんなに無視されることである」と、書いてあります。
学校へ行っても、全員に無視されるなど、自分が存在していないかのように振る舞われることほど、つらいものはないのです。

男の子はマウンティングしたがる生き物で、どっちが上か=偉いかを示したがります。男の子グループのなかでは、「いじられキャラ」として、グループのなかに存在し続ける子がよくいます。

女の子目線ではいじめているようにしか見えないかもしれませんが、ちょっかいを出しているという時点で、男の子集団では、「いじられキャラ」という「仲間」です。

それに対して、女の子のいじめは、グループ内で順繰りに回ったりします。

これは、男の子にはあまりありません。

「次は私にいじめが回ってくるかも……」と思いながら、同調圧力をかけあう女子たち。**社会人になってからも、ちょっとやそっとのことには負けず、本当にしぶとく生き抜けるのは女の子**なのです。

いじわるで
しぶとく育つ
女かな

女の子の特徴❽

お手紙好き、交換好き

女の子はおしなべて、人とのコミュニケーションが好きで得意です。

典型的なのは、「お手紙好き」です。

花まる学習会が主催しているお泊まり野外合宿、サマースクールは二〇年間継続していますが、二泊三日もあれば、女の子は必ずどこかで、先生に向けてお手紙を書きはじめます。

男の子はゼロです。二〇年間ひとりもお手紙をくれた子はいません。彼らは、「俺が俺が」そして、「ウンコ・チンコ」のお下品ギャグの世界で生きているからです。

次ページをご覧ください。Mちゃんという小学二年生の女の子のお手紙には驚くばかりです。「四日間育ててくれてありがとう」といったことが書かれているのです。

女の子からは、とにかくお手紙をたくさんもらいます。
もちろん、私の大切な宝物です。

男の子にはまったくない発想です。

また、六年生のHちゃんの手紙もまた笑えます。「うらめなくなっちゃうでしょ」というちょっとした当てこすり、裏面には「お返事スペース」などもあって、女の子の精神の発達度合も見て取れます。

また一方で、女の子は「交換好き」だなぁと思います。

同じくサマースクールや雪国スクールなどの場面です。行き帰りのバスや電車のなかでは、子どもたちが楽しみにしている「おかしタイム」があります。

男の子が「俺のものは俺のもの」とばかりに、持ってきたおかしをポリポリ、静かに食べ出すのと対照的に、女の子チームはにぎやかです。

必ず「どうぞ〜」「交換しよう」と、はじめるからです。

「これ、どうぞ」

「こっちも、どうぞ」

「アメの代わりにチョコちょうだ〜い」などなど。

大人になっても会社でおかしを配りあっているのは、女性ばかりです。
これも女性がコミュニケーションの生き物である証でしょう。

アメちゃんどうぞ
じゃあかわりにコレあげる

はい、どうぞ
こっちも、どうぞ
楽しいね

女の子の特徴⑨

ままごと・人形遊びが好き

ままごと・人形遊びは、圧倒的に女の子がする遊びだなぁと思います。

そして、女の子のままごとは「お味噌汁、運んで～」などと、毎日の現実生活の具体的なところまで母を見習って遊びます。

かたや、多くの男の子は、「車、ビューン」など、車・電車・飛行機などが登場する空想世界で、ずっと遊んでいます。


私にも思い出があります。
四、五歳の頃でした。壁の前にちょうど止まるように、ミニカーをビューンとやってみようとか、行って戻ってくるようにしようとか、自分なりにルールを設けてずっと空想世界で遊んでいるのです。

もちろん、男の子も、ままごとをしますし、女の子も電車やバスのおもちゃで遊ぶことは遊ぶのですが、その遊び方が違うように思います。

たとえば、男の子は横から覗《のぞ》き込んでおおいかぶさるように、車やバスをビューンと動かします。動きが楽しいし、カッコいいし、振れ幅が好きなのでしょう。「動き」そのものに取りつかれているようです。

一方、女の子の車や電車遊びはどちらかというと平面的で、「次、乗る人は誰ですか～?」とあくまでも「関係性」で遊んでいるように思います。

女の子のままごと・人形遊びは、おそらく将来の現実のシミュレーションをしているのでしょう。

こういう**「ごっこ遊び」は長じて、女の子の国語力に繋がります。**

国語の読解問題では、登場人物が今、どのような状況に置かれていて、どういう気持ちでいるかを理解することが大切です。

男の子は、「このときの主人公の気持ちって言われても……僕は主人公じゃないからわからないや」となってしまいがちです。私がまさにそのひとりでした。

一方多くの女の子は、「お母さん役・お姉ちゃん役・先生役」など、多様な場面設定のごっこ遊びを通じて、相手の立場に立つ＝他者性を育む経験を多くしています。

そのため、主人公の気持ちを読み取って、解答する読解問題では男の子よりは平均的に得意になる傾向があります。特に中学生時代くらいまでは顕著《けんちょ》です。

はい、ミルク
おきがえするよ
お風呂だよ

女の子の特徴⑩
「よい子」であろうとする

男の子に比べれば、多くの女の子は圧倒的に、小さい頃は優等生のように見えます。ちゃんと勉強しようとしますし、「ハイ」という返事もよく、姿勢も背筋をピンと伸ばして、先生のほうを見ます。

男の子とは、世界観がまったく違います。

低学年までの多くの男の子は、「俺には○○ライダーがついているし」とか、「もしかしたら、僕は宇宙に飛んでいけるかもしれない」とか、「いつかウルトラスーパーパンチを打てるかもしれない」と、空想の世界でいつも遊んでいます。

一方、女の子は小さい頃から、「家庭を作るとしたら、子どもは二人で」とか、「お母さんのこういうところはダメだな」とか、非常に現実的な視点を持っています。

そして、こういう女の子は、いわゆる「よい子」を演じようとします。

「しっかりが美学」であり、「恥」という概念を獲得するのが早いのでしょう。

男の子のように下品なことを言って笑いを取ろうとしたり、枠をはずしてみせることはほとんどしません。変だ、馬鹿だと思われるのがイヤなのです。

たとえば、花まる学習会の教室では、「サボテン」という三分間の計算教材を使います。この教材を「よーい、どん」で一斉にはじめるとき、解いた問題を隠しながら進める子は、たいてい女の子です。

原因は、スピードがゆっくりか、まだ単元の理解ができていないかのどちらかなのですが、「できない自分は人に見せたくない」のです。

または、マルつけのときにこっそり間違いを消して、書き直す女の子もいます。

また、高学年の女の子では、他の子のほうがきっと先に解けるなという難しい問題が出てくると、たまに、「やらなーい」と言い出したりします。

負けが見えていると、やりたくないのです。

そして、自分がすでにわかっている問題を「どうやって解くんですか？」とわざわざ質問しにくることもあります。

先生　「ここはこうだよ」
女の子「あ、はい、わかりました」

というふうに先生と優等生の自分の関係で常にいたいのです。
　間違っても、「え⁇　わかりません」とは言いたくないのです。

　とどめには、できなかったことを責任転嫁します。
たとえば、Ａ先生に「なぜこの問題、間違えたの？」と言われたら、「だって、Ｂ先生がこう解くって言ったもん」と、やり方を指導した先生を非難するような言葉を即座に言ったりします。

　もちろん、先生としては、
「計算のタイムは、人との勝負ではなくて、これまでの自分との勝負だよ」
「たくさん間違うから頭がよくなるんだよ」

「できなかったことをできるようにするのが勉強だよ」

などとくり返し指導して意識改善をしていきますが、恥をさらせる男の子に比べて、これらの話は女の子特有だなぁ、と日々感じています。

なんでかな
よい子でいたい
私なの

女の子の特徴⑪

匂い・声・触感に敏感

女の子は男の子に比べて、匂いに非常に敏感だな、と感じます。

「なんか臭くない？」と言い出すのは、いつも女の子です。

「先生、ラーメン食べてきたでしょ」と指摘してくるのも女の子です。

自分が馬鹿鼻だからでしょうか、妻からもよく指摘されます。

「もう、にんにく臭いわよ」などと。

「あの人、声がいい」と、言っているのもよく聞きます。

俳優の中尾彬さんや、ラジオパーソナリティのジョン・カビラさんや赤坂泰彦さん、ミュージシャンの福山雅治さんもそうでしょうか。

低くて落ち着いた声は、安心感があって頼りがいがあるオス性を体現しているのでしょう。

女の子や女性にとっては、守ってくれる父性と感じられるのかもしれません。

また、さらさら、すべすべ、ふわふわなどの触感に関する言葉に反応し、触って喜ぶのも女の子特有です。

男性が視覚優位なのに比べて、女性は聴覚、嗅覚《きゅうかく》、触感優位なのでしょう。

声の色
匂い、手触り
敏感よ

女の子の特徴⑫

お母さんが「モデル＝お手本」

男の子にとって母は「女神」であり、その愛が自信の源であるのに比べて、女の子にとっての母は「モデル（お手本）」だなぁとつくづく思います。

お母さんは、こうやって毎日ごはんを作っているんだね、と確認して、「私もやってみたいなぁ」と思っています。

母がお父さんのことを「パパ、だらしないよねぇ」と言えば、娘も「パパ、だらしないよ」と指摘します。

弟には「早く片づけなさい」という母の口癖を真似て、すぐに「ミニママ化」するのが女の子の特徴の一つです。

もともと母性があるのかもしれませんし、男の子や男性のだらしなさをかわいげがあると思うのかもしれません。

そして、**自分の実の母にその世話の焼き方も口調もそっくり同じになっていく**のです。

先日、家の近くで小学校へ向かう、登校班を見かけました。

ある班長さんが女の子だったのですが、ふざけて歩いている男の子に向かって、

「何回言えばわかるの？」

「白線をはみださないでって言ってるでしょ！」

と口をすっぱくして言っています。

この子のお母さんも、まったく同じ言い方をするのだろうなぁと思わされました。

もうこれはしかたありません。

いくら取り繕おうとしても、家での母親の物言いが、そのまま女の子の口調に表れるのです。

どんな聖人でも子どもの前では隠せません。子育ての場面では、今までの人生観がすべて出てしまうのです。

でも悲観的になる必要はありません。完璧なお母さんなんてどこにもいないからです。

では、どうあればいいのでしょうか。とても大切な教育や育児の基本だと私が信じていることがあります。

それは、「成長する人に子どもはついてくる」という言葉です。

昨日できなかったことが、急に今日できるようにはなりません。一が百にはならないように。完璧な母像であろうとしすぎると、失敗してしまいます。

一歩ずつ登っていけばいいのです。

「あっ、こんなきつい言い方、私がしているんだ」と、子どものふり見てわが身をふり返って、明日は少しでもましになればいいのです。

みなさんが子どもにとって、ニコニコ笑う「太陽ママ」であり続けますように。

母を見て
母によく似た
母になり

第2章

自立

娘が小学五年生になったら
伝えたいこと

（思春期編）

第1章では、女の子ならではの特徴についてお話ししました。

この章では、「娘が小学五年生になったら伝えたいこと」をお話しします。

なぜなら、子どもが小さい頃はなんとかなったとしても、思春期の入口で急激に関係が難しくなる母娘の例を数多く見てきたからです。

まずは、思春期における、母娘の「つまずきの事例」から見ていきましょう。

✿思春期の娘を持つお母さんが陥りやすい落とし穴

ついこの間、こんなことがありました。講演会が終わって、「相談があるんです」と、ひとりのお母さんが私のもとに来ました。

「私、男の子が生まれて、『なんだ、子どもってかわいいいんだ』って、はじめて思ったんです」

「上の女の子は、ずっとかわいくなかった」


そこで、「実のお母さんとあなたの関係はどうだったんですか。お母さんが弟ばっかり、かわいがったということはありませんでしたか」と聞くと、一瞬、目を見開いて、そのあと「わー」と泣き出しました。

「本当にそうかもしれません……」

自分が親として至らないとばかり思っていて、自分の過去の経験が子育てに影響しているとはまったく考えたことさえなかったようです。

極端な例でいうと、「虐待は連鎖する」といいます。「自分のお母さんのようにはなりたくない」と言いながら、ついつい自分も同じことをやってしまうことは、子育てのなかでよくあります。「自分の親にされてイヤだったことを私もやっていて、自分がイヤになります」という告白を、数えきれないほど多くのお母さんから聞きました。

第1章でも述べましたが、**娘にとって、「母」とは、「モデル（お手本）」であり、「人生の指南役」でもある**のです。「私はこう生きたから、あなたは……」と、いろいろなものをバトンタッチしていくのです。

正のものも受け継がれていきますが、同時に、負のものを強く受け継ぎやすい性質があるようです。怖いことに、自分の母親から悪いものをもらうと、自分の子どもにもまたその悪いものを渡していきやすいのです。

それでも多くの女性のすごい点は、男性と違って、精神的にも自立して、結婚もできるところです。

ところが、負の連鎖がどこで出てくるかというと、自分の「子育て」においてなのです。

「孤独な子育て」という、「時代的な病」の面もありますが、ほんの少しのことで、イライラが爆発してしまったり、ヒステリックになってしまったり、過保護になりすぎたり。

もう少し詳しくお話ししましょう。

私が精神科医の協力を得て花まる学習会を進めていくなかで、同じように自分の過去の経験の呪縛が子育てに影響するパターンがいくつかありました。

特徴的な三つのケースをご紹介します。

ケース①「自分こそ、ずっと友達がいなかった」

三者面談のために、部屋に入ってきた中学二年生のAちゃんを見た瞬間に、かわいそうだけれども、「あぁ、これはいじめられるかもな」という印象を受けました。「元気がなさそうに、ちょっと横向いてうつむく」。その仕草が、いじめを引き寄せそうに見えたのです。

赤ちゃんや幼児なら、モジモジしていてもまわりが助けますが、思春期以降はかわいげがなくなってきます。挨拶《あいさつ》やちょっとしたときに、モジモジされたり、うつむかれたりされると、まわりのイライラは募る一方なのです。予想通り、Aちゃんはいじめられて、不登校、リストカットをくり返していました。

Aちゃんのお母さんは、**すべて先回りして子どもの面倒を見てしまう**人でした。流産に流産を重ねて、ようやく生まれたわが子が、かわいくてしかたないのです。ついつい目も手もかけすぎてしまうのです。

典型的な特徴は、二人で面談に来ているはずなのに、お母さんだけが、ひとりでずっと話していることです。

「これって、○○かな？」と質問すると、本人ではなく、お母さんが「あのときは○○で、これがこうで」と言葉を返してくるのです。

過干渉&過保護の見本のようなやりとりです。

小学五年生以降は、女の子も男の子も親に秘密を持つようになるのが健全な親子関係です。母にべったりで、母の言いなりというのは、やはりどこかいびつなものです。

面談を重ねたある日、Aちゃんのお母さんから手紙をもらいました。便箋《びんせん》一〇枚にわたって、びっしり細かい字で書かれています。

学校で行事があって、久しぶりにAちゃんが登校したのだが、帰り道で意地の悪い女の子たちに「何しにきたんだよ、うざいんだよ、消えろ」というようなことを言われてしまった、と。

学校を出て家に帰ろうと、校門の角を曲がった途端に、その集団がいて。回れ右をして逆の方向に行こうとしたんだけれども、取り囲まれて……と、克明に現場を再現

小学5年生以降は
親に秘密を持って当然です

する手紙なのです。
「お母さん、あなたはそのとき、どこにいたのですか？」と、首をかしげたくなるほどの臨場感です。

つまり、**母が子に「聞き出し続けること」が日常化している**のです。
「それで？　それでどうしたの？　そのときあなたはどうしたの？」と。

思春期の子どもたちには、外の師匠が必要だし、親に言えない秘密を持たなければならない時期なのです。これでは、娘さんの自立も難しいと思わざるをえません。

あるとき、ふと、「お母さん自身はどうなのですか？　小さい頃は、どんなお子さんでした？」と聞いたところ、Aちゃんのお母さんは話の途中で泣き出しました。

子どもの頃のつらい経験があって、自分はものすごい大人不信になってしまった。
そして、自分こそ友達がずっとできないままであったが、「それでも平気」と思ってがんばって生きてきた、と。

二〇歳前後の女性はみな、きれいになります。

こんな自分でも「結婚してほしい」と言ってくれる人がいて、すがるような思いで結婚したけれど、なかなか子どもができなくて……。

やっと生まれたから、「この子こそは幸せにしなければ」という思いばかりが先行して……。

頭でっかちの子育てで、いいバランスで育てられないのです。

もともと母親とは、「心配が泉のようにわき出る生き物」ですが、Aちゃんのお母さんは、子どもにちょっと友人関係のトラブルがあると、過剰に心配してしまうのでした。

Aちゃんのお母さんは泣きに泣いて、子どもの頃のつらい経験をすべて告白してくれました。

「私、他の人にはじめて言えました」と語ったその二ヶ月後、高校生になっていたAちゃんは、アルバイトへも学校へも行けるようになりました。

つまり、**お母さん自身が「魔物」から解放されると、子どもの問題も解決されること**があるのです。

この「魔物」とは、**「自分で自分を封じ込める意識」**です。

人間とは不思議なもので、自分の意識で勝手に不幸に落ち込んでいってしまうことがあります。

なった人にしかわからないものもありますが、「私は○○の人間だから」「私は○○をされた人間だから」と、自分をがんじがらめにしてしまったりするのです。

お母さん自身が人間関係の不信をずっと引きずっているから、子どもの人間関係が気になって気になって、「なんとかしなきゃ」と口出ししすぎて、その子が自立できなくなってしまっていたのです。

ケース②「自分こそが、かわいがってもらえなかった」

二〇年近く前でしょうか。ある教室で入塾の説明会を行いました。まだまだ花まる学習会がテレビに出る前の無名の頃で、そのときはたったひとりのお母さんしか説明会に来ませんでした。

それが、Bちゃんのお母さんでした。

せっかく来てくれた大切なひとりですから、私は熱く語りました。結果、大ファンになってくれて、Bちゃんのお母さんは、何度も私の講演会に来てくれるようになりました。

最初は、「優秀なお母さんだけれども、少し暗いなぁ」という印象だったのが、私の講演会に来るようになって、どんどん表情も明るくなっていき、嬉しく思っていました。

残念ながら、ご自宅から花まる学習会の教室までが遠く、すぐには通えませんでした。

しかし、Ｂちゃんが小学五年生になって「ひとりで電車に乗って通えるようになったので、行かせます」と、スクールＦＣへ通塾するようになりました。

Ｂちゃんは、「ちょっと表情が硬い子どもだなぁ」という印象でした。

Ｂちゃんのお母さんとはたまの送り迎えの際に、会うようになりました。

「お母さん、こうでこうで、こうですよね～」

と、話しかけるたびに、

「そうそう。そうなんですよね～、高濱先生はわかってますよね～」

と、和《なご》やかに会話をしていました。

講演会でよく言う、**「テカテカ母さん」（悩みはこぼすが、眉間《みけん》がテカテカで基本的にハッピーオーラの母）**とばかり思っていました。

そう、あの日までは。

忘れもしない、梅雨に入ったばかりのちょっと蒸し暑い日のこと。

久しぶりにBちゃんのお母さんがお迎えに来て、私にそっと寄ってきます。

そして、私をジトっと見上げながらひと言、

「先生、見抜けませんでしたね」

と、言ったのです。その口調やたたずまいに、ぞわっと鳥肌が立ちました。

Bちゃんのお母さんいわく、「この人なら見抜けるかも、と思ってヒントを与えるつもりで何回も話したのに、とうとうあなたは見抜けなかった」。

そして、「娘も直接預けてみたけれど、あなたは気づかなかった」と言うのです。

「実は私はキッチンドランカーだし、B子を抱っこしたことがないんですよ。赤ちゃんの頃から、指一本触れるのもイヤで、遠くから、顔をそむけながら、ごはんをあげていたんです」

「下に男の子が生まれて、『子どもってこんなにかわいいんだ』と、本当にびっくり

でした。子どもって鬱陶《うっとう》しいし、うざいとずっと思っていたのに。でも、そういう自分がイヤでイヤでしかたがなかった。B子をかわいがれない自分に悩んで悩んで、それで助けてほしくて、あなたの前でヒントをあげるつもりで何度も話したのよ。『テカテカ母さん』のふりも、あなたの講演会で聞いて、わざとやってみせたのよ」

「とある有名な精神分析医のところに行ったの。そうしたら、私こそがまさに実母にかわいがられていなかったということがわかったんです。克明に思い出して、言葉にして、すごく楽になったんです」

「私の母は、私にものすごく冷たい人で、弟ばっかりかわいがって、私をひざにも乗せてくれなかったんです。ひざに乗ろうとすると、突き飛ばされて、あんたはあっちにいってなさいって。勉強ができたら、はじめてほめてくれて、勉強だけはがんばるようになったけれど、中学校も高校も思い出したら友達は男の子だけ。女の子の友達はいませんでした」

「だから今は、もう一回、B子を抱きしめて、赤ちゃん時代からやり直しているんです」

……私はある人たちから見ると、「この人なら、わかってくれるかも」という匂いを醸《かも》し出しているそうです。

でも、私にもわからないことは、たくさんあります。このお母さんには、本当に勉強させてもらいました。

ケース③「まじめすぎと過保護の病」

Cちゃんとはじめて会ったのは、彼女が中学一年生の頃でした。彼女は「抜毛《ばつもう》」で苦しんでいました。

もう一〇年以上前になります。花まる学習会のなかに、「Sali」という心理相談専門部門を立ち上げたのですが、そこにCちゃんが来たのです。

「抜毛」とは、自分で自分の毛を引き抜いてしまったり、根元で毛を折ってしまう症状で、眉毛《まゆげ》・まつ毛なども対象になる場合もあります。

Cちゃんの場合は、自分の眉毛・まつ毛や髪の毛を一本一本無意識のうちに、抜いていました。利き腕に近いほうから、髪の毛はなくなっていきます。

本人にとっては、貧乏ゆすりのように無意識であることが多く、やめたくてもやめられないのです。いつの間にかついやってしまっている、という状態なのが難しいところです。

抜毛は、何らかの精神的ストレスや環境要因によって起こると言われています。

子どもの場合は、学校や家庭内での何らかの人間関係の問題や悩みが原因だったりという場合があって、内向的で、どちらかと言えば大人しい子どもに多い症状とされています。

癇癪《かんしゃく》を起こしたり、大声でわめくことができたりする子どもは、まだストレスの発散ができるタイプですが、抜毛のように自分の内部にストレスを溜めてしまうタイプは、まわりがその子の感情に気づきにくいという問題があります。

Cちゃんの場合、発症は小学二年生の冬だったようです。学校で、アトピーでかさぶたになっている肌を「くさい・汚い」と悪口を言われたのが発端とのこと。

しだいに、授業が終わってふと気づくと、Cちゃんの椅子《いす》のまわりには髪の毛がバーッとたくさん落ちているという状況。

小学三年生の秋の運動会では、ほとんど髪の毛がなくなっていたといいます。

しばらく不登校にもなったCちゃんですが、五年生になって友達に誘われて、バスケットボールの部活に入ったことが転機になりました。めきめき上達して活躍し、後輩にも慕《した》われたことによって自信をつけ、抜毛はなくなっていきました。

中学生になって、バスケットボールの強豪校へ望んで入ったCちゃん。小学校のときと違い、まわりの子がみんな上手で、なかなか活躍できないのが心理的な圧迫になったのでしょう。

また、抜毛がはじまった時期に、私のもとにやってきました。

何度も本人と面談を重ねていくうちにわかったことは、Cちゃんにとって残念ながら、「家庭がくつろげる場所ではなかった」ということです。

お父さんもお母さんも子どもも思いな方で、本当にまじめすぎるぐらいまじめな方たちでした。

本当に何も悪気《わるぎ》はない。

ただそれゆえ、かわいくて心配な娘からうまく離れられず、過保護になりすぎていました。

たとえば、中学一年生の時点でまだ一緒にお風呂に入っていたり、一緒に寝ていたり。思春期に反抗期を迎え、親から離れようとするのも正常な発達過程の反応の一つですが、Cちゃんはお父さんのことが大好きでしたので、どちらかというと本人も幼かったのでしょう。

とても優秀で発言力も強いお父さんだったゆえに、一方では、お母さんもCちゃんも「お父さんの言うことには何も逆らえない」という状況が生まれていたようです。

そこに、本人の優しくてまじめな性格もあいまって、わがままを言ったり、自分の意見を通すということが、ずっと家庭のなかではできなかったのです。

転機は、中学三年生のときに訪れました。抜毛に苦しみながら学校に通い、バスケットボールも続けていたCちゃん。

「ここ（Sali）なら何でも話せる」と、定期的に女性スタッフYさんのもとに通い、友達関係のこと、好きな人のこと、家のことなど、いろんな心情をあれやこれやと吐露していました。

ご両親の信頼も得られ、Cちゃんから目も手も離せるようになり、ようやくこちらにすべて任せてくれるようになった頃です。

あるとき、面談中に友達からCちゃんへ一本のメールが来ました。

「本当はみんなCの髪の毛のこと知っているよ。でも、そんなの関係ないよ。髪の毛があったってなくったって。みんなCの中身が好きなんだよ」

「こんな私でもみんな受け入れてくれるんだ……」

そうつぶやいたCちゃんは、しぼり出すように号泣しました。

それまでは心のどこかで友達を、そして人を信頼しきれなかったのでしょう。

そこから、Cちゃんは少しずつ変わっていきました。

高校生活はとってもエンジョイし、希望の大学にも無事合格。

「たったひとりのナナメの関係の師匠」、そして、「友人のなかでの自分の居場所」を見つけられたことが彼女を変えていきました。

つまり、共通のテーマは、お母さんや本人自身の「自己開示」です。

どこかで誰かに向けて、自分が封印して心を縛っていた出来事を「言葉」で外に投

げ出していくことで、楽になるのです。

思春期以降の人間の壁は、いつも「意識」です。

「問題行動そのもの」ではなく、「眠れる意識／無意識」に焦点を当てるべき場合も多いのです。

がんばってがんばってがんばって生きてきて、「子育て」で、そのひずみが出てしまう。

お母さんとしては、なんとも切ないことですが、その多くは、お母さんや子ども自身が「**たったひとりのすべてをさらけ出せる人**」「**ほっとする居場所**」を見つけるだけで変わってくるのです。

子どもに何かしらの症状が出ている人は、そう多くはいないでしょうが、多くのご家庭を見てきて、実はみんな同じ薄氷《はくひょう》の上にいると感じます。みなさんの子育てにおいても、少しでも参考になれば、と過去の例からお話ししました。

お母さんも、ほっとできる場所を
見つけましょう

お母さんのシフトチェンジ「赤い箱と青い箱」

さて、少しつらい事例からお話ししました。

なぜなら、何かしらの問題行動が起きなくても、娘が思春期に入ったときにお母さんが対応を間違えると、実は一生、尾を引くからです。

女の子を育てる際に必要なのは、この時期の母のシフトチェンジです。

子どもが思春期に入った瞬間に、すかさず娘を「大人扱い」することです。

いつまでもかわいいかわいい娘として扱ったり、上からものを言ったりをくり返していると、逆襲されて、ひどい目にあうこともあります。

「あの人に言ってもしかたないですし」と、実の母のことを言う人がいますが、自分が娘に将来そう言われるのは、ちょっと寂しいですよね。

花まる学習会ではお母さんに、子育てにおいては、子どもの成長軸における二つの「箱（時期）」を意識して、対応を変えてくださいと話しています。

「赤い箱（幼児期）」の四歳から九歳までの時期は、「オタマジャクシ」の時代です。「大人のカエル」である、私達と違って、「水中」に住み、エラ呼吸をしています。

やるべきことより、「楽しくておもしろいことが優先」ですし、「落ち着かない」し、「何度言ってもわからない」こともあります。

オタマジャクシに、「陸に上がってカエルのようにきちんとジャンプしなさい！」と言っても無理なのです。

それが、一〇歳を境に「変態」をとげ（身体も変わり）、一一歳から一八歳くらいは「若いカエル（思春期）」の時期に入ります。

「まわりの目を意識する」ようになり、「反省できる」ようになります。

我々大人の対応も、子どもの変化に合わせて変える必要があるのです。

つまり、小学三年生までは、抱っこ抱っこでいいのです。思いきりかわいがって、「あなたを生んでよかった」と愛情を伝えてください。なんだかんだ言いながら、母お母さんのシフトチェンジ「赤い箱と青い箱」

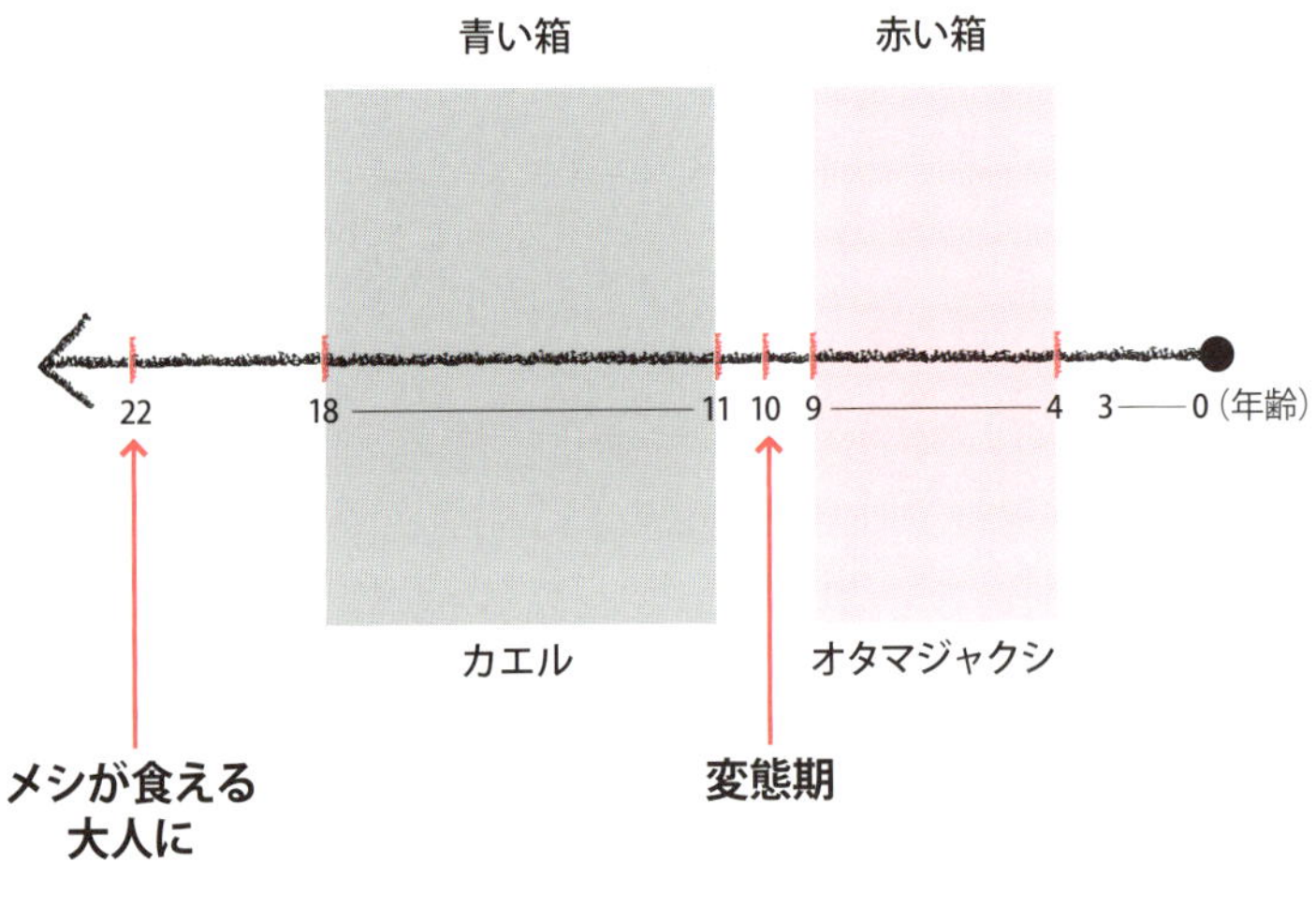

に甘えてきます。

四年生くらいはボーダーラインです。まだまだ自我が芽生えず、ぼんやりしている子もいれば、大人と同じ感性を持ちはじめる子もいます。

五年生になったら、多くの女の子はもはや「子ども」ではありません。ツーンと距離をとってみせたり、ゲラゲラ笑うおばちゃんみたいだったり。

背も伸びて、将来子どもを生めるように、身体も変わります。

この、さなぎが羽化して若い成虫になる頃までに、お母さんのほうが、心の底から意識を変えないと、

「娘に言っても言っても聞かない」

「憎たらしい」

という側に転げ落ちてしまうのです。

こうなってくると、夫が「おっ、この子かわいいね」とテレビの若いアナウンサーのことを言うたびにイラッとくるように、わが娘に対しても、なんだか若さに嫉妬して、憎たらしく思ってしまうようです。

そして、「私の高校時代はボーイフレンドと付き合ったこともないのに、何こいつ」といちいち比較する心理が生まれたり、ボーイフレンドも「そこそこだと許せるが、自分のときより上だと許せない」という気持ちになったり。

つまり、年の差を超えて、ライバルになってしまうのです。

娘が小学五年生になったら伝えるべき「女の本音」

思春期は、女の子もホルモンなど内なる力に左右される時期です。覚えがある方もいるかもしれません。

気分が急上昇したり、急降下したり。わけもわからず、イライラしたり、悲しくなったり。

あるお母さんが言っていました。

「娘が階段を下りてくる音で、今、機嫌がいいかどうかがわかります」

また別のお母さんは、

「ドアを開け閉めする音で、イライラ感が伝わってくる」と。

わざとドタバタ音を立てて、自分の不快感をまわりにまき散らすのです。

それは、母への甘えの裏返しともいえます。

この時期に「うるさいわよ！」「静かにしてよ」などとお母さんが言おうものなら、一〇倍の反撃をくらいます。

一度本格バトルをはじめた母と思春期の娘の関係は、数年間は修復できません。お互い口が達者なので、お互いをやり込めるように、たたかいあいます。

ここでは、そんな関係になる前にどうしたらいいのか、というポイントをお伝えします。

それは、小学五年生になったら、「親と子という教え諭すポジション」ではなく、先輩ＯＬが、新人ＯＬに会社のことを教えていくように、**「娘に自分の女としての人生をさらけ出して、本音を伝えていくポジション」**にシフトチェンジすることです。

具体的な言い方としては、

「あなたも五年生になったから、パパにも言っていない秘密を教えるね」

というのが効きます。

秘密の共有ほど、女性同士が仲よくなれるものはないからです。

ポイントは、あくまで正直に話すことです。

押さえてほしい項目は、以下の通りです。

ただし、いずれもお母さんなりの言える範囲で構いません。

人として、女として、娘の人生へ対等な立場でエールを送ることによって、娘の人生は輝いていくのです。

愛のストーリー

「小さい頃のお母さんは活発な子で、こういうお母さんに育てられて、こうやってお父さんと出会って、お父さんと結婚したのは○○が決め手だったのよ」という話です。

「カッコよく見えたのよ、あの頃は」という話でも十分です。

「私なんて、モテなかったから、お見合い即結婚ですよ」と、語れるものはないというお母さんもいるかもしれません。

でも、それこそを娘は聞きたいのです。

「お見合いでパパと結婚してあなたが生まれて。幸せだけど、少し後悔していることもあってね。若いうちに、もっと他の人とも付き合っていればよかった、なんて思うことも少しあるのよ。だから、あなたは今のうちにいっぱい浅く広く付き合いなさい」

娘にとって母はモデルです。「お母さんは今、幸せ？」「お父さんと結婚してよかった？」と常に思っています。

それに応える話であれば、なんでもいいのです。心を開いて、「秘密の共有」をしてあげてください。

恋のストーリー

お母さんにとっての「いい男像」をここでは伝えてあげてください。

それが夫の話だったら最高ですが、そうでなくても、本音を伝えることが何よりも大事です。

正直に話しましょう

娘より二〇年以上は長く生きているだろうから、伝えられることがあるでしょう。

「高校生の頃、H君という人をちょっといいなと思ったんだけど、今はひきこもっているのよ。今思えば、ちょっと打たれ弱いところがあったのよ〜」

「やっぱり、思いやりのある優しい人がいいわよ。見た目じゃないのよ」

「優しさも、いつもいつもじゃなくてもいいけれど。パパも、ママが病気のときとか、すごく優しいでしょ」

恋はとても健全なことなのに、昔の少女主義のような感じで、**家庭のなかで変に触れないのは、逆に不健全**なことです。

「好きな人がいるんだけど」という相談があったら、ぜひ「うんうん」と聞いてあげてください。

念のためお伝えしますが、母の昔の恋の話を、男の子にするのは厳禁です。一生ぬぐえない傷として男の子の心に残ります。

「パパはまぁしょうがないけれど、いくつになっても、ママは僕だけを見てほしい」という気持ちがあるのが、男の子です。

母の恋のことなんて知りたくもないのです。

秘密は娘との共有に留めてもらえればと思います。

実は、こんな話をするのにはわけがあります。

若い頃の恋愛経験は、社会に出ても生きてくるからです。

今では、私も何人もの部下を抱えるようになりました。

そのなかで、人の言葉や行動の真意を読めなくて、上司を怒らせてしまったり、お客様から同じようなクレームをくり返しもらったりする子の多くは、「恋愛経験があまりない」ということに最近気がついたのです。

恋愛というのは、すごく心が奪われるものです。

恋人が電話に出てくれないことや、メールが返ってこないことひとつに、すごく不安になって、「もしかしたら、他の子と会っているのかも」という妄想まで生まれることもあります。
相手のひと言で、心揺さぶられ、感情が天と地を行ったり来たりします。
相手のことや、自分の振る舞いをとことん考えるので、他者性を育てる極地体験ともいえるでしょう。

自分の言葉の真意も、なかなか相手に伝わらないことがありますから、「なんでこんなにわかってくれないの」「もっとわかりあいたいのに」という葛藤《かっとう》経験の源にもなります。

「片思い」であっても、寝ても覚めても意中の人のことを考え続けたり、ほんのちょっと目が合っただけで、自分の気持ちがジェットコースターのように上がったり下がったり。

この胸が焼けつくような経験を、若いうちに体験しておいてほしい、と思います。

こういう**「恋愛経験」の不足ゆえに、この部下たちは、あとちょっと人の心の機微がわからなくて、他人を怒らせてしまう**のです。

本人にとっては、「よくわからない壁」として立ちはだかる最たるものでしょう。

みんな人柄はとてもいいし、頭もいい。部下としてもかわいい子たちばかりだけに、本当にもったいないなぁと心から思います。

男の生態学

詳しくは拙著『夫は犬だと思えばいい。』（集英社）に書きましたので割愛しますが、**「男や夫の生態学」を娘に伝えてあげると、娘の一生の宝になる**でしょう。

たとえば、「男は一番にこだわる生き物で、すごーいと言われたがりで、頼られるとがんばる生き物だから、プライドを立ててあげて」とか。

「昔から『胃袋をつかめ』というけれど、本当にその通りで、ごはんを一番にあげれば裏切らないのよ」

「男女のコミュニケーションのあり方は一緒ではないのよ。恋の時代はいいけれど、年を取れば取るほど、男は要点と結論しか興味がなくなってくるのよ」

「スポーツや趣味に熱中する人種だし、いくつになっても子どもなのが、男よ」

ここに書いたのはほんの一例で、基本的にお母さんなりの哲学でいいでしょう。知っていると知らないとでは大違いです。

知っておけば、将来「なんであなたはいつも○○なの！」と夫や恋人や男性同僚相手に不必要に怒ることが少なくなります。

お付き合いとは

「映画を観に行ったら付き合っているの？」

「手をつないだら付き合っているの？」

学生の頃は「付き合い」の定義一つでも揺れるものです。

確かな定義はどこにもありません。一般的なのは、お互いで「好きだよ」「私も」という関係性を確認できたらでしょう。

ただし、小学校高学年や中学生の時期は、男も女も惚《ほ》れっぽく、次の日や翌月には他の人が好きになっていたりもします。それもまた、「経験」でしょう。思春期の入り口で悩むことの筆頭なので、母なりの見解を伝えてあげるとよいでしょう。

身体のこと

お母さんだからこそ伝えられることの一つが、**女性の身体の変化**のことです。

今の学校では、私たちの頃と違って、男女一緒に仲よく五年生くらいに、保健体育の授業を受けるようです。そのため、子どもも知識として知っていますが、実際的なことは、やはりお母さんのフォローが必要でしょう。

第二次性徴での胸のふくらみ、生理のこと、身長が伸びること。「すべて大人になるために必要なこと、赤ちゃんが生める体になるための準備がはじまったのよ」と、プラスのイメージで話してあげてほしいと思います。

ここを切り口に「あなたが生まれて本当によかった」と、愛のストーリーとからめて語るのも素敵です。

また、年配の女性もある程度はそうですが、この年代は特に「やせ願望」にとらわれて、過剰なダイエットに走る子も出てきます。適度なふくよかさが、健康で魅力的なことだということも、繰り言のように言ってあげるとよいでしょう。

病気のこと

自分の身体を傷つけないように、性にまつわる病気の怖さなども教えてあげることが、ひいては自分を守れる子になる秘訣《ひけつ》でしょう。

テレビも雑誌も快感原則だけを掲げて、「気持ちいいこと」という喧伝《けんでん》だけをしているので、真に受けてしまう子もいます。責任を引き受ける覚悟についても伝えるべきです。

また、中学生・高校生にありがちな、「あんたまだ処女なの？」という競争にだまされないようにすべきです。

ただし、「プラトニックな愛」の崇高さだけを娘に説くのもまた違うように思います。避妊についても、必要に応じて話していくといいでしょう。

援助交際はダメ

援助交際をしてしまった人は、実は自分のプライドを傷つけているように思います。結局はその後の、その人の人生のなかでの、根本的な自信のなさに繋がっているように感じます。

思春期の援助交際は、おそらく「罪の意識」が長く尾を引いていくのでしょう。たとえば、子育てがうまくいかなかったときに、「やっぱり私、あんなことしたしな」と、自分を責める材料になってしまうように思います。

援助交際をする子は、たいていは寂しい子が多いのですが、「愛とは違うよ、勘違いしてはいけない」ということを思春期の入り口で教えてください。

専業主婦VS両立派

今の時代はいろいろな選択肢があります。世界も劇的に変わっています。

日本も少なくともドラッカー（経営学者）が予言しているような意味で、労働人口も減っていきますし、女性の出産・子育て後の仕事復帰は早くなって、その後一生働くようになるでしょう。

ちょうど今が、過渡期なのです。

なかなか制度も社会意識もともなっていないのが現状ですし、歯がゆく思っているお母さんもいるでしょう。

ずっと長い間、新卒プロパーの社員だけでやってきたのが日本の会社でした。

そういう世代が現在、役職に就いているので、多くの会社では、朝から晩まで働ける男性だけでやったほうがいい、という価値観から抜け出ることができないようです。

ただし、優秀な女性は世のなかにたくさんいます。

出産・育児期の一〇年間くらいは、仕事と家事を両立する女性の量的なパフォーマンスが落ちることは致し方ありません。

社員が子育て期を経験することで得られる視座は、ダイバーシティ（多様性）の観点からみると、結局は会社にとっても利益だと考えています。

さて、本書を読んでくださっている方は、専業主婦のお母さんでしょうか。

それとも、共働きで仕事と家庭を両立しているお母さんでしょうか。

私はどちらの話もよく聞きますが、一つ言えるのは、「**どちらを選んでも、コンプレックスを抱えて悩んでいるのは一緒**」ということです。悩みの種類は、もちろん違いますが。

・専業主婦

専業主婦のお母さんにとっての時間とは、あるようでないものです。ずっと子どものことと家事で一日が終わるからです。

起きて朝ごはんの支度をして、子どもを起こして学校へ行く用意をさせて、見送ったら片づけて、午前中に洗濯掃除を済ませて、お昼ごはんの用意をして食べて片づけて、夕飯の買い出しに行って下ごしらえして、子どものおやつを用意して食べさせたら、習い事の送り迎えをして、帰ってきたら夕飯を作って片づけて、お風呂の準備をして入らせて、自分も入って、子どもを寝かしつけて、夫の夕食の準備をして片づけて……と、毎日ルーティンの仕事です。

何人ものお母さんに話を聞きましたが、子どもが乳幼児期のお母さんのストレス度はかなりのものです。

「一日が終わって、すごく忙しかったのに、今日一日、私はいったい何をしていたんだろう、という気持ちに襲われます。それが毎日です」

「こんなにがんばっているのに、誰も見てくれない、誰もほめてくれない。小さな小さな世界に閉じ込められてしまった気分」

「仕事をしていないって、こんなに肩身がせまいなんて思わなかった。私、悔しい！誰も教えてくれなかった！」

「独身時代は、普通にほしいものは何でも買っていたけれど、今は旦那の稼ぎだから、似たような服を持ってるかもとよくよく考えて、自分のものはほとんど買わない」

子どもはもちろんかわいいし、幸せなはずなのだけれども、夫側から言われがちな「のんきな自由」とは程遠いのが現状です。

現代の専業主婦は、子育てを支えてくれる「地域」がないので、孤独な子育てに陥る人も多く、自分を追いつめてしまいがちなのです。

孤独な子育てで苦しい

また、子どもが少し大きくなれば、「本当は働きたいのにいいなぁ」とか「外への風穴あけたいなぁ」とは思っているけれど、「ちょうどいい働く場がなかったり、戻っていける場がなかったりするから働けない」と思っています。

大家族であったり、祖父母と同居をしていれば、風穴があくので違ってくるのですが、まじめで人に頼れないお母さんが、子どもに目も手もかけすぎて潰《つぶ》してしまうパターンや、お母さん自身の気持ちがイライラしすぎてもたないパターンを私も数多く見てきました。

・両立派

では、一方で仕事と育児を両立しているお母さんは、どうなのでしょう。

働くお母さんの悩みは、とにかく「時間のなさ」です。

「やっぱり、子どもと一緒にいたい」「でも、一緒にいてあげられない」という気持ちがあって、常に子どもに対する申し訳なさとたたかっています。

時間のなさに悩む

そして、「子どもがかわいそう」「家でひとりで待たせるなんて」という、世間の圧力を常に感じて、落ち込むようです。

また、子どもに何かあった際も、「やっぱり私が一緒にいてあげられなかったから」と、罪悪感とたたかうこともあります。

専業主婦のお母さんたちのように、おかしの手作りなんてできないし、子どもに目も手もかけられないいし、病気のときも預け先に右往左往して治るまで一緒にいられないし、いつもバタバタ慌ただしいし、母として自分はどうなのだろうか、とコンプレックスを抱えるのです。

そして、子育てや家事に協力的でなかったり、物理的に時間を割けない夫にいらつく場合や、仕事に対して全力投球できなかったり、成果を出せない自分に悩む場合もあります。

つまり、「いいわよね、あっちは」とお互い思っているのが、「専業主婦VS両立派」

の構図でしょう。

娘に対しては、できれば両方のメリット・デメリットを含めて話してあげられると素敵ですが、最終的には率直に自分の気持ちを語ればいいのです。

結局は、「今、女性の幸せ像自体が揺れているけど、どっちをとっても幸せに生きてほしいから、話すね」でいいのです。

いつでも娘が求めているのは、「お母さん自身の本音」なのですから。

ナナメの関係の女師匠

いろいろと項目を挙げましたが、もし今まで言ったようなことを直接娘に話すのが難しければ、年上のいとこや信頼できる他の女性にお願いするのもいいでしょう。お姉さん役として、引き受けてくれるかもしれません。

昔々、熊本にいた頃にはじめて付き合った彼女、Nさんのことを思い出します。

彼女は、本当に自分の母やおばと仲よしでした。女同士でそれこそ、あらゆることを話していたのです。

「うちのおばさんのお兄さんはさ、子どもができちゃったから結婚したみたいなんだけど、結婚の決断ができない男の人だったから、結局はよかったみたい。子どもが生まれれば、男の人もちょっとずつしっかりするものね」

「いとこのSちゃんはすごい美人なんだけど、ハゲ・デブ・チビ三拍子揃っているような男の人と結婚したの。でも、近所のおばさんたちはみんな、『本当にいい男にあたったね』って言っているの。やっぱり中身が大事だし生活を安定させてくれる男がいい男で、それが結局幸せみたい」

はてには、「別居結婚っていいと思わない?」と。まったく意味がわかりませんでした。

耳年増《みみどしま》で、男の甲斐性《かいしょう》の見分け方から、結婚生活のノウハウに至るまでたくさんのおば様たちから聞いていたのでしょう。

私は田舎育ちの本当に野球馬鹿でしたから、「結婚のけの字も遠すぎて何も想像できないのに、『別居結婚』ってなんだろ？」と、霞のそのまた向こうを見る気持ちになったのを覚えています。

このNさんは、付き合うなかで、私自身を鍛え直してくれました。

「K女学院のほうが絶対かわいい子が多い」

と、私がイメージだけでいい加減なことを言うと、

「そんなことないよ、だって付き合ったことないでしょ」

と、ぐさっとくる言葉で諭《さと》してくれます。

また、女性との付き合い方も教えてくれました。

「女は押して押して押して引くのよ。そうしたら、グラッとくるものなのよ」

そして、「あなたは将来きっと何かやる人だから」と応援して、かわいがってくれたのです。

上京したときに残念ながら別れましたが、彼女は本当に男の素質を見抜いていたのでしょう。

私が通っていたのは進学校だったので、医者にも弁護士にもなった同級生は数多くいましたが、彼女が特に認めていたのは、私ともうひとりの男、D君でした。

私の芽が出るのはだいぶ遅かったのですが、一〇数年前、D君は三〇代で外資系企業のトップに上りつめ、新聞にも名前が載るほどの時の人になりました。

Nさん自身はというと、二人の子宝に恵まれ、とても幸せな家庭を築いていると、聞きました。

本当のホンネで、女の人生教訓を教えてくれる先輩が身近にいると、女性の人生はいよいよ輝くのだろう、と心から感じます。

第3章

自立

小学三年生
までに育てたい力

（幼児期編）

第2章では、女の子の成長軸を見すえ、娘が「青い箱（思春期）」に入ったときにシフトチェンジするべきということ、そしてその具体策をお話ししました。

しかし、もちろん「赤い箱（幼児期）」の対応こそが、人生の土台になります。

この章では、まずは将来、仕事を持ち自分の力で生きていくためには、幼児期にどんな習慣を身につけさせ、どんな経験をさせることが必要かについて、私の身近な社会人の事例も紹介しながら、お話ししていきます。

拙著『お母さんのための「男の子」の育て方』をご覧いただいた方には自明のことと思いますが、男女にかかわらず、子育ての基本方針として再度、確認したいと思います。

もう一度見直したい生活習慣としつけ

①休みのときも早寝早起き。「遅起き」を許さないで

生活習慣の一番目の項目は、「早寝早起き」です。精神的な強さに繋がる一歩目です。社会人としては、毎日、早起きし続けられる人は信頼できます。

逆に、「早起きができない子は伸びない」のです。女の子も男の子も同じです。

たとえば、私は、不登校やひきこもりの子たちも多く預かって見てきましたが、中学・高校時代にゲームやネットや携帯電話（スマホ）で昼夜逆転の生活を送るようになると、子どもたちは、ちょっと頭が痛いとか眠いとかで「今日、無理かも。学校を休もう」という発想をしてしまうようになるのです。

「悪い虫を持っている状態」とでも言えるでしょう。

そういう昼夜逆転を長く続けていた過去を持っている子は、大人になっても三六五日のなかで「穴があいてしまう」ことがあります。部下として、重宝《ちょうほう》できなくなってしまいます。

実は花まる学習会でも、新入社員をそこで試している部分があります。早起きを継続してできない人は、どこかで決まって「つらい」「無理」と言い出すからです。

思春期や青年期の育ち方というのは、そういう意味ではとても大事です。部活などで早起きは当たり前という体質になってしまうと、その後の人生にとってすごくプラスです。

ただし、思春期にたとえ「悪い虫を持っている状態」になったとしても、「誰かと付き合う」「結婚」「子どもの誕生」などは一つの革命期であり、人生のターニングポイントです。

変われるとしたら、このときです。

「自分のためではなく、人のためにしか変われない」のが人間なのです。

幼少期において親として気をつけるべきは、**「休みのときくらい……」という軽い気持ちで「遅起き」を許さない**ことです。

②女の子だって「休まない体力」は必要

体力は必要不可欠です。

結局、欠席が多い人とは、いい仕事はできません。私が知るかぎり、社会で活躍している女性で、休みが多い人は見たことがありません。

「その『活力』はいったいどこから来るんですか？」と言われる人たちこそが、いい仕事をしているのです。

もちろん、それは気力が充実しているからなのですが、彼女らには確実に基礎体力があります。プロのアスリートやオリンピック選手といった最大級の体力ではなく、**「基本的に休まない」という基礎体力**のことです。

この基礎体力は、一つ言えば、中学・高校の部活をやり遂げた力があれば大丈夫です。これがない子たちは、正直な実感として、欠勤が多いようです。持久力というか、ばてない体力は、仕事をやり遂げる基礎部分としては、かなり重要です。

仕事をしていれば、一日二日は徹夜同然ということは必ずと言っていいほどあります。女性だからといって、甘えは許されません。

子どもに恵まれれば、出産直後や子どもの入院とか、眠れないときは当然あります。何度も「いざ」というとき、多少寝ていなくてもがんばり抜かなければならないときが、人生にはあるのです。

もちろん、震災などの緊急時もそうでしょう。その程度の体力はなければならないのです。そして、これはまったくもって自分の責任です。自己管理能力が問われる項目です。

さらに具体的に言うと、「脚力《きゃくりょく》」こそが基礎です。座り仕事が長いとなまってきてしまいますが、「歩く」、できれば「走る」ということは、人間としてとても大事です。

ピンチを乗り切る基礎体力を

たとえば、私が知るかぎり、東大生は意外と一五〇〇メートル走のタイムがよいのです。

これは何に繋がるかというと、「粘り強さ」です。どんなに眠くたって、「よし、あともう一問！」と人より多くやることを積み重ねていけば、実力もつくでしょう。

頭がいいといわれる人でも、基礎体力、粘り強さという意味での体力は必須《ひっす》項目なのです。

聞いた話によると、頭がいい子が多いと言われる小学校の筆頭である、某国立大附属小学校でも、「体操」こそに力を入れているそうです。

学校から帰ると、すぐに人形やマンガを手にするわが子を見ているお母さんの気持ちからすると、「もうダラダラしてばっかり！　勉強してよね」となるかもしれません。都会で育つ子は要注意です。**意識して外遊び・体を動かす機会を設ける**必要があるからです。

基礎体力は、学力に直結する項目なのです。

また、精神科のお医者さんに言わせると、「立ち方・歩き方」で、うつ病か統合失調症かというように症状がわかるそうです。私自身も、現場で何年も子どもを見ていると、歩き方、跳ね方、足腰で「どれくらいがんばれる子か」がわかります。

誰もが鍛えられる部分なので、外遊びから入って、中学・高校時代の部活はぜひやり遂げてほしいものです。

足腰の強さは「粘り強さ」、手先の器用さは「ひらめき」に繋がると思っています。

③挨拶はお母さん、お父さんがお手本に

挨拶の重要さというのは、小さい頃から学校でも「今月の目標」や「今週の目標」などで、さんざん言われることです。

しかし、本当に身に沁《し》みてその重要さがわかるのは、社会人になってからでしょう。

たとえば、最初の挨拶がいい担当者だったら、「よし、取引しようかな、任せてみようかな」と思うものです。人材採用でも、挨拶がよければ、「とりあえず、この人を採ろうかな」と思うものです。

花まる学習会では「和顔直礼《わがんちょくれい》（和やかな顔で真っ直《まっす》ぐに礼をする）」という造語を作って、新人にもその大切さを伝えています。立ち止まって、相手を見てしっかり礼をする。長年やっていれば、「挨拶が中途半端な子は決定的にダメだなぁ」とわかりますが、その真髄《しんずい》はなかなか伝わらないものです。

小さい頃は「こんにちは、でしょ！」ではなく、「なんていうんだっけ」という示唆《しさ》をすることが大事です。くり返し何度も教えればよいでしょう。

「挨拶は大事よね。あのお店の挨拶は気持ちいいわねぇ」

何度も伝えると、子どもに染み込んでいきます。

子どもからすると、恥ずかしいとか面倒くさいといった壁を一度でも飛び越えてしまうと何でもないのですが、対人恐怖の子、モジモジしている子にとっては、挨拶は壁になるものです。

しかしここで、「この子、なかなか挨拶できないんですよ」で守ってしまうのではなく、覚悟を決めて言わせることが大事です。

人生を生き抜く意味では、勉強よりも大事な社会的スキルです。

スポーツをやっている子は、自然に言えることが多いです。「こんにちはー！」と大きい声で挨拶すれば、大人がかわいがってくれる。

「これって受け入れられるんだな。喜ばれるんだな」という成功体験が、やる気の源です。

モジモジを打破するためには、具体的には声出しをやるのも有効です。お母さん、お父さんなど、身近な人が見本になるのが最適です。

④礼儀・マナーは真似することから

花まる学習会では、とても大事にしていることが一つあります。

それは、「靴」を必ず揃えて、入室することです。靴が揃っていないと、授業をはじめません。たかが靴、されど靴です。「何かを整える」の一番わかりやすい例が、靴なのです。

女の子も小さい頃は「今しか生きてない」し「他者性が弱い」ものです。

挨拶は身近な人がお手本に

たとえば、人からどう思われるかまったく考えずに、物や人をジーッと凝視してしまいますし、向こうから見られていることに気づきません。赤ん坊はその最たるものです。

礼儀・マナーの基本は、他者性です。

「何かを整える、次の人が使いやすいように戻す」ことは、「他者性が弱い」幼児が最も苦手とすることなので、**「型を真似る」「靴から徹底」することがわかりやすい**のです。

たったこれだけの動作が小さい頃は身につかないものですが、あきらめず、何度も言い続けてください。

花まる学習会の授業では、数多くの教材を鞄《かばん》から出し入れしますが、どんな子でも間違いなく全員ができます。取材に訪れた方が「よくどの子もあんなに早くものの出し入れができますね」と驚かれますが、それは靴の脱ぎ方一つから徹底して、意識づけをしているからです。

小さい子どもに、内面からわき出るものとして「人のことを考えてやろう」と納得させようとするのは無理です。

形式から入って、型や体で覚えることしか指導方法はないからこそ、すべてにわたって、**「親が見本になること」「キレずに何度でも言うこと」**からはじめましょう。

⑤「カレンダー大作戦」で約束を守らせる

基本的に子どもたちは、正義感に満ちています。

「約束破りだよ」

「ずるいよ、それ」

と必ず言ってくるのが子どもです。倫理観や正義感は、もともと子どもたちが持っている特性でしょう。

大人の社会で「約束を守らない」ということは、相手の存在を軽視していることです。「メシを食える大人」という観点からすると、決定的にダメでしょう。なんといっても、約束を守らない人には腹が立つからです。

典型的な例は、「はい！」「はい！」と返事だけはいいのに、何度言っても忘れるし、遅れるし、約束を破るし……というパターンです。

こういう人は、どんな職場にもいるでしょうが、次第に居場所をなくしていきます。

「とりあえず返事すればいい」

「ミスしたらとりあえず、謝っておけ」

という処世術なのでしょう。


「なんとかちゃんと守らないと」という意思が見えません。おそらく、ガミガミに対して聞き流す癖が身についているのでしょう。

「この時間さえ過ぎれば、許してくれる」と思って、ちっとも心からは反省していないのです。

たとえば、出来の悪い兵隊には、あるべき行動をひたすら復唱させる訓練をするということですが……。**お母さんにお願いしたいのは、ガミガミ叱りをしないこと**です。

ガミガミ叱ったところで、子どもはまったく反省に至りません。「時間が過ぎれば、お母さんは許してくれる」と子どもは思っています。

では、どうすればいいのでしょうか？

お勧めは、次のどちらかの方法です。

①復唱。「お母さんは今、何て言った?」と聞き、答えをくり返し言わせる。↓口に出して言うことで、次のステップにいけます。

②できたときだけ認める（よりよい行動を認めてあげて強化する）。

できたことだけを認める例を一つ挙げましょう。

たとえば、花まる学習会にも、先生と約束した宿題を期日までにやってこられない子がいます。小学三年生のSちゃんもそんな子のひとりでした。

毎週のように、お母さんから「宿題を言ってもやりませんでした」と連絡があって、ついにお父さんも、宿題をやらないSちゃんのことを、「だらしないやつだな。宿題をやらないならもう辞めろ!」と怒り出してしまう始末でした。授業後、毎週居残りをしても、先生から一対一で話をしても効果はありませんでした。

そんなときこそ、奥の手の「カレンダー大作戦」発動です。

【手順】

1　子どもの好きな色のペーパーにカレンダーをコピーする。
2　子どもと一緒に宿題をはじめる時間と終える時間を決め、大きく書く。

【進め方と注意点】

・時間通りにできたらカレンダーに花まるをつける。
・できなかった日は何もつけない。何も言わない。
・できた日にだけ「ママ、時間を守れて嬉しいな」とだけ声をかける。

プラスの言葉がけしかしないということを一週間続けると……。「あんなに言ってもやらなかったのに、一週間宿題を毎日やりました！」と嬉しい報告がありました。その後のSちゃんは、嘘のように宿題ができるようになり、勉強へのやる気も出て、学力もアップ。お母さんお父さんからは、感謝感激の言葉をいただきました。

実は、**できる子の特徴に、ほめられたくて、先手を打って動けること**があります。兄弟姉妹間でも、お母さんからガミガミ言われ続けている兄を見て、「ああなっちゃいけない」と先手を打って行動。お母さんにほめられてそれが習慣化する妹、なんていうのは典型的な例です。

逆に、言われたのにできないをくり返している家庭では、子も親も、なかなかその負のスパイラルから抜け出せません。

だからこそ、カレンダーで、よい行動を可視化して、できたときだけ認めるというプラスの声かけは、その子の大きな自信を育みます。

幼児期は「型を覚え」「約束を守ることを身につける」時期です。低学年までは、親が日々の行動や言葉で「なにを善《よ》しとするか」をくり返し伝えることが大切です。

女の子にもなにくそ根性を

私の恩師はよく、「『なにくそ』と思える子を育てないといけない」と言っています。働くという意味では、この精神的な力があるかないかで、任された仕事をやり遂げられるかが決まります。つらくても、そんな自分をコントロールできる力が必要なのです。「やってらんないわよ」と言い続けて逃げても、何にもなりません。

試練や逆境などの「もめごと」経験がどれだけ子どもの「こやし」になるかを、私たち大人は考え直さなければなりません。**つらい経験があり、それを克服した経験こそが子どもが社会に巣立ったときに必要**なのです。

学校や近所でも、トラブルは日常茶飯事であり、それに対処していくのが、生きていくということです。子どもには、いじめられないようにと教えるのではなく、いじめられてもはねのける精神力を身につけられるよう、支えたいものです。

そのためには、たくさんの成功体験で自己像を大きくしておくことが重要です。それが、つらい状況に陥っても、「私は、大丈夫！　がんばれる！」と思えるか否かに繋がります。

悔し涙が強くたくましくさせる

女の子の涙というと、サマースクールで、こういうことがありました。

三年生Rちゃんは、人との距離をとるのが少しうまくいかない子でした。話すタイミングが読めなかったり、相手の言葉との脈絡がなかったり……。お母さんとしては、だからこそ子ども同士のお泊りの場で、もまれてきてほしいという思いで、自分の胸も痛めながら、旅に出されたのだそうです。

もまれてほしい。その願いは、残酷な形で現実になりました。いじめです。

同じ班に、女王様タイプの四年生がいました。後輩の面倒見は抜群によいものの、語気は荒くなりがちで、後輩たちも安心して慕う一方で、本能的にターゲットにされてはまずいと感じるのでしょう。もたもたした行動で、誰よりもひどい口調で注意されているRちゃんとは少々距離をおき、彼女を対象とした、ちょっとしたわるふざけにも、同調していました。

たとえば、「さあ、並べ」となったときに、「あんたは一番後ろ！」と言い放たれる。「だるまさんが転んだ」をしても、歩幅に制限を加えられてずっと鬼をやらされるように仕組まれる。鬼ごっこをしても一対五。鬼ばっかりに疲れて休もうとすると、「鬼は抜けられないんだけど」とやられる……。

「子ども同士のもめごとは、基本的には肥し」ととらえているリーダーも、ちょっと度を越しているなと判断し、「みんなが楽しめるルールじゃないと、楽しくないよね」と注意すると、リーダーの子はふてくされて違う遊びに変える。

そんな初日を過ごした夜、Rちゃんは、泣きながらリーダーに気持ちを訴えてきました。一対一になり、抱きしめてあげて、「そっか。辛かったね。でもよく耐えたね。強いね」と言葉をかけました。

すると、その子は大きく頷きながら、また仲間のいる部屋に戻り、輪の中に入っていきました。

これは、女の子の強さを示す、典型的な事例です。

やる側が一方的に悪いというよりは、本当に当たり前のように、このような状況は始終起きているし、ターゲットは順番に回っていたりします。

そして、やられている側もワンワン泣きながらも芯が強いというのか、本当の意味で折れることはほとんどなく、誰か信頼する人に「聞いてもらう」だけ、「わかってもらう」だけで、へこんだボールが戻るようにボヨンと回復します。

こうやって泣きながら、ヘビーな関係のただ中で過ごし続けることで、女の子は強く強くなっていくのでしょう。

「やったぁ！」の達成感が自信を生む

ひと言で言うと、幼少期に「遊び尽くしたこと」と「がまんの経験をしたこと」の二つで達成感の経験値が上がると思います。自分の幼少期から青年期を思い返してみても、達成感の経験は、「遊び」に必ず行きつくし、「思春期の部活」に行きつきます。

まずは「遊び」について話しましょう。

熱中して「遊び尽くす」ことは、幼児期にこそできる貴重な体験です。逆にいうと、没頭して熱中する経験は、幼児期では、「遊び」以外では絶対ないでしょう。

女の子自身のこの遊びが好きだということを、ある程度見守ることが必要です。自分のペースでやり遂げることが大切だからです。

たとえば、積み木で「どの高さまで積もう？」と考えたなら、自分で何度も挑戦する時間が必要です。自分で決めるから、やり遂げようと思うのです。ここに「遊びの原点」「情熱の原点」があります。

そして、こだわって最後までやり遂げる経験を何回もすると、スッキリ感を得られます。これが、達成感です。この感覚は、味わった人にしかわからないものです。

ごはんどきに**「いつまでやっているの！」と怒られるくらい没頭するのがよい**のです。次から次へと、細切れの時間で習い事のスケジュールを入れていては難しいですね。

また、いくら熱中といっても、ゲーム機や携帯のゲームでは失うものが多いです。

小学生になってからの「遊び」は、体を存分に動かし、五感を研ぎ澄まして、外で遊び続けるのが一番です。毎日毎日同じ鬼ごっこでもドロケイでも、遊び続けることで、幼児は走る限界を伸ばしていったり、捕える技・逃げる技の限界を広げているのです。

これは、言ってしまえば、知的な部分に直結する能力です。限界まで遊び続けた子どもは、思春期以降、限界まで集中して考え続けることができます。

たとえば「アイデアが出るまで考え続ける」「絶対何か手立てはある」「無理っていうのはイヤだ」「もう疲れたって言うのはやだ、カッコ悪い」。

そんな思考を「遊び尽くす」経験は育んでくれます。もちろん、「遊び尽くす」ことで達成感が生まれ、自信もつきます。

一方で、「がまんの経験」も、「達成感を得る経験」としては必要です。

高校の部活で、私は野球をしていましたが、そこで問われるのは、苦しいときにどれだけがんばれるかです。走り込んで、走り込んで、そのときは「もう限界だ」と思うのですが、一年後には、「あのときは、まだ甘かったなぁ」と思ったものです。

人生においては、何度も苦しいときがやってきます。そのときにがまんしてそれを達成したという経験が足りないと、人は折れやすくなってしまうものでしょう。

逆に、**「あのときがんばって乗り越えられたから、今、苦しくても、きっとこの先にはまた新しい世界があるんだろう」と思えるようになることが重要**です。

達成感が自信を生む

漢字は泣こうがわめこうがやらせていい

小学生時代の学習面で、このがまんと達成感を得られる経験があります。それは、なんといっても「漢字学習」においてです。コツコツと積み上げていく「漢字」は、絶対にできるようにしておくべきものの一つです。何千人もの子どもを見てきた身としては、漢字は、人生の必要条件ともいえます。

もし私が、お金をかけずに家庭で子どもの学力を伸ばすとしたら、漢字だけはやらせます。

それは、子どもが泣こうがわめこうがやらせてもいいのです。なぜならば、努力すれば必ずできるし、力がついてまわりから認められると、叱ってでもやらせてくれたことに感謝してくれるからです。

算数の思考力問題などのように努力してもわからないものは、強制すると嫌いになってしまいます。

しかし、子どももわかっているのです。**漢字は努力すれば絶対にできる**ことを。一〇回書いて覚えられなければ、二〇回書けばいいのです。二〇回書いて覚えられなければ、三〇回書けばいいのです。人によってかかる時間は異なりますが、やればできるのです。

そしてはじめたら、「今日は眠いから」「今日は〇〇があるから」という子どもの甘えを許してはいけません。小学生も四年生、五年生になったら、もう親の言うことは聞きません。その前に、低学年時代から「やるのが当たり前」の文化をいかに作るかが重要です。

実は、花まる学習会には「花まる漢字テスト」という検定システムがあります。「小さい頃からお兄ちゃんも入れておけばよかった」とは、会員のお母さんからよく聞く言葉です。下の女の子は「花まる漢字テスト」があるから、それに向けてがんばることで鍛えられたけれど、お兄ちゃんは入会させていなかったから、漢字がボロボロで……。「今、中学校で英単語にも苦労しています」などと聞きます。

花まる学習会の採用試験でも、「漢字」は出します。「漢字はいまいちだけど、人柄はいいから採ろうよ」で戦力になった人はいません。

ある程度の漢字が書けるかどうかは、基礎の基礎レベルで、「忍耐経験を経たかどうか」「達成感を味わったことがあるかどうか」が如実《にょじつ》に表れるのです。

それは、仕事に直結する能力なのです。

✿「これだけは負けない」ものをたった一つ

ここは、親にとって大きな課題です。子育てのなかで、わが子に「これだけは負けない」と思えるものを、たった一つでもいいので身につけさせてあげること。それができれば、子どもは自分の人生を活き活きと生きていけるでしょう。

幼稚園・保育園時代の目標は、「人の話を集中して聞けること」に尽きます。これさえ小学校に上がる前にできていれば、義務教育レベルの学力で困ることはないでしょう。小学校の勉強は、先生の話をしっかり聞いてさえいれば、必ずできるものだからです。

一方、**小学校での目標は、「得意技を持って卒業すること」**です。

中学・高校で得意技が変わってもよいのです。そして、簡単なことでいいのです。

跳び箱だけは負けない、鉄棒だけはすごい、習字やバレエやダンスやピアノが上手、マンガやイラストを描くのが上手、折り紙名人、絵と言えば私、足が速い、水泳が得意……。

クラスのなかで一番というレベルで構いません。足場があることが重要なのです。子ども同士の関係で「すごいね」と称賛される瞬間があることこそが重要なのです。もちろん、バイオリンやハーモニカ、他の子がやらないような楽器をやるのもよいでしょう。

ある中学生の教え子が高校入試の際に言った言葉は、今でも忘れられません。本番一週間前の模擬テストで、得意な数学なのにボロボロと簡単なミスを連発するT君。思わず「おまえ、どうした、大丈夫か」と声をかけたのですが、返ってきた言葉は「大丈夫です、僕、本番に向けた集中力の高め方をわかっていますから。今はあえて落としているんです」というひと言。

彼は、小学校時代に、ピアノコンクールで全国準優勝をした子です。一つのことに打ち込んで、結果を出すことができた子は強いものです。彼は言葉通り、一週間後の入試までには見事に集中力を高めて、私立高校最難関といわれる開成高校に合格しました。

「できない理由」を言いはじめたら厳しく叱ってもいい

たいていの物事は、集中して長い期間取り組めば、必ずできるようになるものです。できない子は、途中からダメな理由を取り揃えてしまうのですが、私に言わせれば、そここそがダメなのです。「できない」「苦手」は心の壁です。

親のほうも、わが子が何かできなかった際に、「やっぱり私の子だしね」と言いがちですが、それは違います。子どもが「できない理由」を言いはじめたら、要注意です。そこは、厳しく叱ってもいいところでしょう。

幼少期にできることとしては、子どもが興味を持ったことは、否定しないことです。もしかしたら、それは将来につながるダイヤモンドの原石かもしれないのですから。

✿いじめをはねのける「得意技」を

私も小学五年生のときにいじめを経験しました。

幼少期から頭が大きいのがコンプレックスでした。小学校に上がる際に、どの子も赤白の体育帽子を買う時代でしたが、どこを探しても、合うサイズがない。ついには、「あんたの頭に合う帽子は、熊本にはなかとよ」と言われる始末でした。

結局、頭には赤白帽がちょこんといつも乗っている状態。それでも四年生までは、やんちゃに元気に過ごしていました。

が、五年生のクラスで来たのです、「いじめ」が。

「でこっぱち」といじられた際に、ついやってしまったのです、モジモジを。ずっとコンプレックスだったので、「ついに言われたか！」と、気持ちが逃げてしまったのです。

その日から突然、学校は最も行きたくない場所になりました。
朝登校してクラスのドアを開けると、毎日、みんなが立ち上がって「でこっぱち」と、からかいの大合唱。ほのかな恋心をいだいていたRちゃんまで一緒に……。

のんきに生きてきた自分ですが、このときはじめて「なんで生きているんだろう」と考えました。帰り道の橋の上では、「このまま飛び込もうか」と何度も考えました。でも、「今、僕が死んだらお母さんが悲しむだろうなぁ」と思って、思いとどまる毎日でした。また、家に帰れば、母がいて姉弟がいるいつも通りの家があるので、家ではいじめのことは忘れていられました。

そして、学校では「毎日死ぬ思い」。家では「いつも通りのほっとできる家庭」を毎日くり返しているなかで、人間はどんなことにでも強くなるのでしょう。「いじめ」にも慣れてきたのです。
からかいの大合唱は変わらずでしたが、「今日Y君は、立ち上がるのが少し遅かったな」なんて、冷静に観察するようになっていました。

そして、ある日、生徒会の副会長に立候補をすることになりました。「さぁ、これから演説」というときにひらめいたのです。

「私があの、頭のでっかい高濱です！」と横を向いて自己紹介をし、礼をした瞬間、頭がマイクにあたってボワワワーンと、反響が。全校生徒大爆笑でした。

そして、その日を境にいじめは、ピタッとなくなりました。「笑い」に持っていかれては、いじめる甲斐がないからです。

いじめ発生、そのときお母さんにできること

もちろん、教える立場になってからは、何度も「いじめ」の件でお母さんたちから相談されてきました。ここで「いじめ」に対する私の結論を述べましょう。

①**親はいじめを事件化しない**（子どもの体に傷などがないかぎり）。学校の先生などに、気づいてすぐに電話するのは最悪です。「あの子、ちくった」と、さらに陰湿ないじめに遭う場合が多いのです。陰湿ないじめに直結しなくても、冷やかな収束

をするだけで、もはや親友同士にはなれません。

②親ができることは、わが子を信じて、**いつも通りの家庭を維持する**ことだけ。子どもから言ってきたなら聞いてあげていいのですが、「あんた、いじめられているんじゃないの」と詮索《せんさく》してはいけません。子どものプライドは丸つぶれです。

私の母が、いじめに気づいていながらも、ふとした拍子に「お母さんは、あんたが元気ならよか」と言って、ただぎゅっと抱きしめてくれたことは今でも忘れられません。外はつらいこともある成長の場、家は母がいる、いてくれるだけで癒される心の基地です。

③いじめの発端は、モジモジした態度からはじまることが多い。いじめが続くようなら、「やめてよ!」と強い言葉で言い返す練習をするのも有効です。いじめをはねのける態度や言動を体に染み込ませるということです。

ただし、これは本来、もまれるなかで一五歳くらいまでに子ども自身が、自然と身につける部分でもあります。

私自身、その後中学一年生で、ふとしたきっかけで全員から無視される、という経験をしました。

しかし、小学校の経験による免疫があったので、まったく動じませんでした。「くだらないな、やっていろよ」と思っていました。そして、いじめは、毅然《きぜん》としていれば、続かないものです。いつの間にか仲間が増え、いじめはなくなりました。

④そもそも論として、**自分に自信がある子には、いじめは起きにくい**ものです。小学校時代に「得意技を身につけさせてください」と強調するのは、その意味もあるのです。

どんな社会にも、そして大人になっても、いじめはあるものです。仲がよくなると、ちょっとからかってみたり、いじめたくなるのが人間の本性なのでしょう。

我々大人としては、いじめを「ないもの」として扱うのではなく、「ある」ことを前提として、はねのけることができるたくましい人になれるように、どう対処するかを教えていきたいものです。

得意技を身につけて
自信でいじめをはねのける子に

不必要な買い与えは断固としてNO！

ルソーの『エミール』に、「子どもを不幸にするいちばん確実な方法はなにか、それをあなたがたは知っているだろうか。それはいつでもなんでも手に入れられるようにしてやることだ」（今野一雄訳／岩波文庫）という一節があります。

不必要な買い与えは、子どもにとって悪影響しか及ぼしません。親だけでなく、祖父母も同罪になるケースもあります。コンビニやスーパーに寄って、ついつい目についたものを買うような習慣をお母さんお父さん自身が持っていないでしょうか。

子どもに対する不必要な買い与えの裏には、「親の一貫した基準」がありません。

「ダメなものはダメと言いきれる」こと。

そして、**「ぶれない」ことが、子どもの健《すこ》やかな成長にとって不可欠**なのです。子どもはだいたいは、必要性だけで生きていますが、ものを買うことには、「不必要」が入り込みやすいのでしょう。

気をつけたいのは、「お年玉の運用」と「お小遣いをいくら与えるか」です。
私は、小学生のうちは、お小遣いはいらないと思っています。「必要があったらいいなさい」で十分です。

また、**一番罪が重いのは、「じゃあ、今日だけよ」と泣き叫ぶわが子に根負けしてしまうこと**です。

つい一回のわがままを許してしまうだけで、子どもは「自分がわがままを通せば、みんなが従ってくれる」と学んでしまいます。社会に出てから通用しない万能感をいつまでも持っていてはいけません。

これは男の子の例ですが、この不必要な買い与えから、家庭内暴力につながる例も見てきました。その子は「本当はたいしてほしくないんだけど、強く言うと買ってくれるから」と言いながら、親への暴力をふるっていました。このまま青年期に入ってひきこもると、もう取り返しがつきません。

それは子どものためになりますか

逆にいい例を紹介しましょう。

あるとき、小学五年生の男の子が言っていました。この子は、一年生から毎年、二コースずつサマースクールに来ている子です。参加するには、それなりの金額もしますので、「毎年二コースも来ているなんてすごいね、ありがとう」と言うと、「お母さんはケチだけど、『花まるのサマースクールは本物だから、お金をかけていいのよ』って言っているんだ」と。

そして、「お年玉を貯めて、来年は沖縄のサマースクールに行っていい」と言われているとも。「だから、お金を貯めているんだ」と言われたときには、恐縮するような嬉しい気持ちとともに、その親御さんの基準のぶれのなさに感銘を受けました。

不必要な買い与えではなく、「あなたのためにいいと思ったもの」にはお金をかけるという「親の方針のぶれのなさ」こそが、子どもの健やかな成長に繋がるのでしょう。

小さい頃の女の子は、色とりどりできれいなものやかわいいものを集めるのが大好きです。

文房具などが筆頭でしょう。マーカーなどを何十色も揃える子は、男の子では見たことがありません。友達に「ええ、これ持っていない」と言われるのが好きなようです。

もちろん、ラメなどのキラキラしたものも好きです。

大人の女性が、指輪や靴やバッグを集めるのと同じ匂いがします。コレクションとして楽しいのでしょう。財産のような感覚なのかもしれません。

マーカー程度なら、もちろんかわいいものですが、もし「ものへの依存」の傾向が見えたら要注意です。素のままの自分ではなくて、飾る何かで自分を一段高く見せようとしているからです。

たとえばこれが長じて、ブランド物をこれ見よがしに集める女性は、魅力という点からは程遠い存在です。女の子への買い与えでは、「本当にこれが必要なの?」と問いかけることもお勧めします。

買い与えはほどほどに

column

お母さんの叱り方必勝法

毎回どの講演会でも、どの著書でも言っていること。

それは、子育て中のお母さんの不得意項目の筆頭である、「叱り方」です。

お母さんはついつい、キーとなって、

「何回言わせるの！」

「だから言ったじゃない！」

と、キンキン声で叱ってしまうようです。


子育てをするなかで、「本当にいけないことをしたとき」など、「ここぞ」という、子どもを本気で叱るべき場面はいくつもあります。

そこで、「お母さんの叱り方必勝法」をお教えしましょう。

子どもの叱り方の原則は、次の三つです。

①厳しく
②短く
③あとを引かず

キーキーと長い時間叱っていても、子どもは聞いちゃいません。幼児の集中できる時間は、三分程度だからです。

ただし、男性は「こらっ！」と大きな声を出せば迫力も出ますが、女性が勢いよく叱ろうとすると、声が裏返って、ニワトリの首を絞めたようになってしまうことがあります。

そういう場合は、私の師匠が教えてくれた女性特有の叱り方を試してみてください。

④一対一で
⑤声を低めて

⑥丁寧な言葉でゆっくり
⑦真顔で（能面で）

「一対一で」というのは大切で、たとえばハグが大事だからといって、抱きしめている横から妹や弟がよじ登ってきては台なしのように、叱っている横から、誰かが口をはさんできては、効果がないのです。

「声を低めて」というのは、六番目ともリンクしていますが、いつものお母さんとは違った雰囲気を演出するのです。

「もう、あんたは‼」とキンキン言っているのがいつもだとすれば、「ともこさん、こちらにいらっしゃい」と子どもの名前を「低い声で」「丁寧にゆっくり」呼び、有無を言わさず別室に連れていくのがいいでしょう。役者になりきってください。

ポイントは七番目の「真顔で」です。子どもも小学二、三年生になれば、怒られる雰囲気を悟って、「あ、妹が泣いている！」などと言って、母の気持ちをそらせようとするものです。でも、そんなことに負けてはいけません。

そもそも、**「叱る」というのは、「本当にその子の将来を思うと見過ごせない」と思う行為や心持ちを、真剣に指摘する行為**です。一時の自分の怒りの感情に任せて、行う行為ではありません。

また、「あのときもあなたは○○だったじゃない」と、過去のことを持ち出して怒るのも反則です。叱る事柄は、ついさっきの「あなたの、あの行為」に限るのが、今しか生きられない幼児のためだからです。

いつも自分を愛してくれているお母さんが、「もうあなたを愛せないかもしれない……」という雰囲気を漂わせて「能面で」叱るのは、子ども心に、本当に怖いものです。生意気な口をきいている女子高校生でさえ、母の「能面の」叱りには、「ぞくっとする」と言います。そして、**「叱り」とは、そのようにビビらせるほど怖いものでないと、効果はありません。**

ただし、お母さんの特性の一つとして、「むかっ」と来たときについキンキン声で叱るのは、よくあることです。

「またやっちゃった……」と、夜中にひとり落ち込む必要はありません。

「そんなこともあるわ、今度は気をつけよう」と、少し大らかに自分自身を許すのが、子どもにも大らかに向きあえる秘訣です。

第4章

魅力

まわりから好かれて お母さんとも仲のいい女性に 育てる

第2章、第3章では「自立」の条件をお話ししました。

「自立」をしていれば、仕事に就けるので生きてはいけるでしょう。

もちろん、不確定なこの世のなかで生き抜いていくために、仕事の能力を磨き続ける必要はあります。

しかし同時に、「メシが食える」だけではなく、わが娘には、素敵な異性と出会い、結婚して、幸せな家庭を築いてほしいと思うお母さんは多いことでしょう。

そして、仕事でも家庭生活でもキーワードとなるのが、「魅力」です。魅力的であることは、「自立」の次のステップとして重要なのです。


なお、この章のタイトルにある「まわりから好かれる＝かわいがられる」という言葉は、見た目の「かわいさ」ではなく、「この人と仕事がしたい」と思ってもらったり、「あの子いいじゃん、こっちの部に回してよ」などと、自分より年長で責任ある人から認められて、引っ張られる、引き立てられるという意味で使っています。

実社会に出てからは、ここで少しずつポジションを得て、仕事が成立していくのですが、往々にして若者はそれに気がつかないのです。

親切心で教えても、「いいえ、私はかわいがられなくても別にいいんで」と言ってしまいがちです。

しかし、人と人との繋がりで人は生きていて、社会が構成されている以上、「年上の人が引き立てて認めてくれて」のくり返しで、人は成長していくのです。

人の何倍も仕事をしてようやく認められて、さらに「魅力」があるからこそ、次のステップに上がれるのです。これは、女性も男性も同じです。

では、さっそく、かわいがられる女性には、どんな魅力があるのか、お話ししていきたいと思います。

「ママに愛されている」が自信になる

魅力にはたくさんの項目がありますが、まず、**魅力論のベースに来るのは、「愛されて育った人」に共通する、伸びやかなオーラ**です。

「お母さん・お父さんは私のこと、大好きだもんね」という、愛されてきた自信は、絶対の自己肯定感を育んでくれます。この自信は、人生を生き抜くうえで、そして人と対峙《たいじ》していくうえで、どんなに助けになってくれることでしょう。

逆にここが崩れている女性は、本当にちょっとしたことでやる気や自信を失いがちです。

また、三日月の愛（満月のように満ちていない）は、危険です。

「お母さんは私を愛してくれてないわけではないけど、弟のほうがかわいいんだよね」

「時々ほめられるけど、みんなのほうがきっとすごいんだ」
「いつも普通な私って、特に得意技もないし」
という状態では、穴があいた状態というのでしょうか、自己肯定感に欠け、自信を持ちにくいようです。

ひとりっ子ほど安心なものはない

お母さん向けの講演会でいつも言うのですが、今の時代、「ひとりっ子ほど安心なものはない」と。その意味は「母の愛が満月」だからです。

ひとりっ子にとっては、母に愛されていることは自明のことです。**「愛されていない」状態なんて想像もつかないのが、ひとりっ子の強み**です。

一方、現代の核家族のなかでは、たとえば、お兄ちゃんは○だけど妹は×、お姉ちゃんは×だけど弟は○というふうに、どちらかに偏って愛情が行きがちです。

それを指摘してくれる祖父母や近所の人も、閉じた家族カプセルのなかには入ってこられないので、「親の愛をめぐる兄弟間の負け組」は、「一生、自信を持てないまま」という場合もあります。

他の著書で詳しく述べたのでここでは割愛しますが、親の態度として幼少期に大切なのは、ひとつ挙げると「比較して評価しない」ことです。


たとえば、NGワードとして次のものがあります。


「弟ができているのに、なんであなたができないの！」

「隣のAちゃんはもう字が書けるんだって」

「うちの子、まだ◯◯ができないのよ（世間話で）」


反対に、こんな声かけは子どもに自信を与えます。


「あなたのいいところは……」

「前より◯◯ができるようになったね」

そして、微笑みやうなずき。

幸せオーラを放っている子はモテる

ポイントは、**「その子その子の成長を、認めてあげること」**です。

ほめるのが苦手なお母さんは、おおげさにほめる必要はありません。ちょっとした微笑みやうなずきでも、子どもは認められたこと、愛されていることを敏感に感じ取ります。

母としては、自分と同じタイプの娘だと自分と同じイヤなところが目について言葉がキツくなるようですし、違うタイプだと「自分はできたのに、何でこの子はできないのだろう?」と思ってしまいがちです。

その子なりの成長を認めるには、その子をよく観察すること。母の心の余裕が必要なのは、言うまでもありません。

たっぷり愛されてきて、笑顔がかわいくて、幸せオーラを放っている女の子は、伴侶としても本当に魅力的です。

幸せそうな人に近づくと、誰しも、一緒に幸せになれそうな気になるのです。

NG

比較して評価する

OK!

その子の成長を認めてあげる

箱入り娘をあえて外に出す

社会人として、自信がある人、きっぱり自分の意見が言える人は、人をひきつけます。ベースになるのが、「親が愛してくれている」という先ほどの自己肯定感です。

そのうえで、言いきりのもとにあるのは、小さな成功体験の積み重ね、また、たまにでもいいので自分なりの大きな成功体験です。

ここは、お母さんができることというより、愛され感をベースに、子ども時代に外での経験をたくさん積むことが重要です。

具体的に言うと、サマースクールのような異学年での交流のチャンスを与えること。

思春期であれば、厳しい部活に放り込むのも成長するチャンスです。

厳しい師匠のいる部活はお勧め

部活を選ぶコツは、厳しい師匠がいて、部員みんなが躍動して楽しそうなところに放り込むことです。

教え子に新体操を長くやっている女の子がいました。

その子は、中学三年生の勉強合宿でも「動き」が違いました。

食事の配膳《はいぜん》、片づけ、団体行動のすべてにおいて、「はい！」とさわやかに返事をして、テキパキと動きます。ほれぼれするほどの身のこなしです。

大きく輝く目が印象的なその子は、公私にわたって、部活の厳しい顧問に鍛えられていたのです。

この初動の早さは社会人でも、なかなか身についている人はいません。どこへ行っても、誰からも好かれることは間違いないでしょう。

学力的には難しい高校を志望していましたが、最後の最後にぐいっと伸びてきて、見事志望校に合格。活き活きとした高校生活を送っています。

つまり、仲よくした経験もたっぷりあるけれど、もまれ経験とそれを克服した経験の豊富さが、その人の力量や魅力を作りあげるのです。

「いさかいもあるけれど、でもみんなと一緒にいたほうが楽しい」という経験。
「私、どこに行っても友達ができる」という経験。
「ちょっと厳しい課題だったけれど、自分で乗り越えたもんね」という経験。
「つらかったし悲しかったけど、今はもう大丈夫」という経験。

このような、「私は社会とわたりあえる」と思わせてくれる一つ一つの経験が、幅の広い、分厚い自信を作りあげていくのです。

NG

口出し／過保護

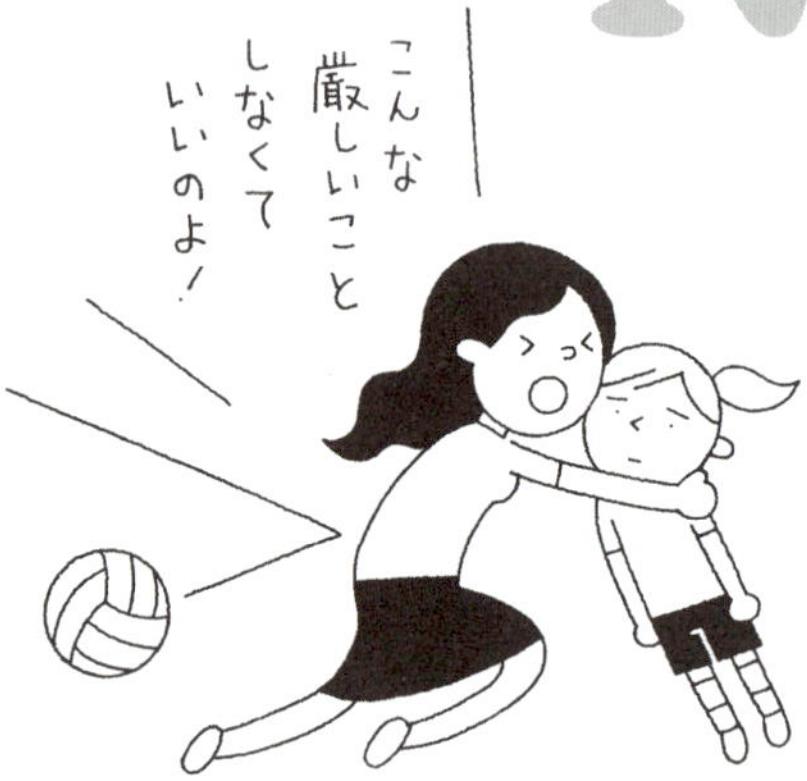
こんな厳しいことしなくていいのよ！

OK!

信じて見守る／外の師匠を見つける

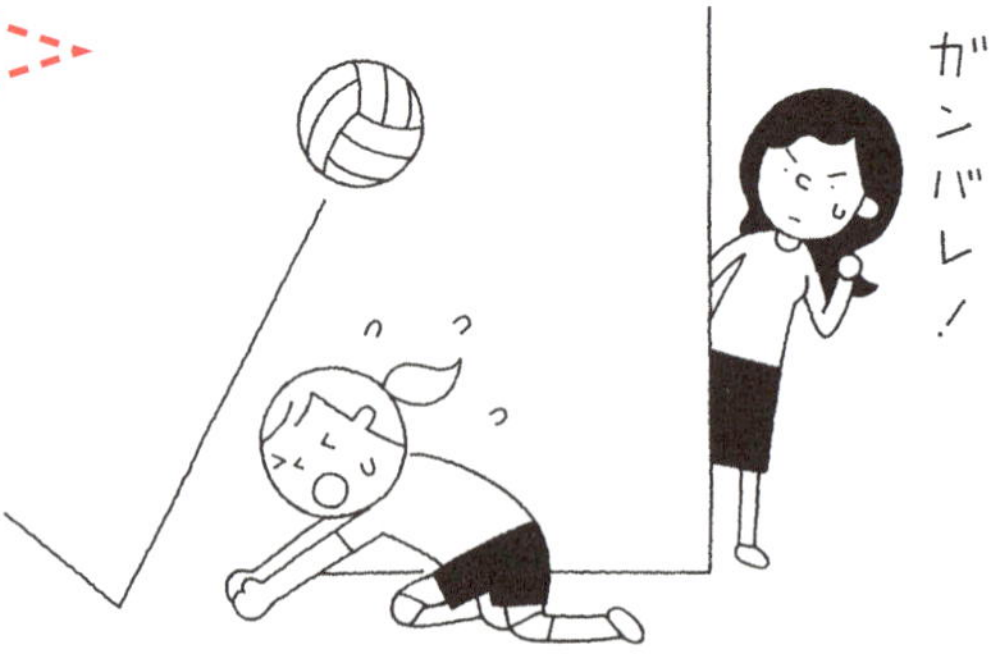
ガンバレ！

✿つぶれない、めげないのが女性の強み

危機が訪れたとき。歴史を紐解《ひもと》けば、たとえば敗戦時。

せっかく戦争から帰ってきたのに男性のなかには、自暴自棄になり浮浪者になったりする人もいました。

または、理念やプライドを捨てられず、法に反するからと、いわゆる闇米には手を出さず死んだ男性もいました。

そのことへの批判をしたいのではありません。

女性の生き方にはまったくないものだな、と言いたいのです。

女の人は、誰が支配者だろうが、どんな時代だろうが、何をしてでも生きていく強さがあります。ルールが変わったのだから、と柔軟に対応して、いつでも、生きる方策を立てることができるのです。

会社でも同じです。

たとえば、上司に怒鳴《どな》られたとき。男性はポキッと折れて、次の日から会社に出て来られなくなったりします。

女性は、泣いてはみせますが、決して負けません。

「あの部長、そのうちいじわるの倍返ししてやるから」と、腹の底では思っているのでしょう。

女性同士では、

「だいたいさ、部長のあの靴下、ダサくない？」

なんて別のところでうっぷんを晴らしていたりします。

本当の意味ではなかなかつぶれないし、めげないのが女性の大きな強みです。

母は強し！「やるならやりなさいよ」

たまに、「うちの奥さんは昔、かわいかったんですよ」と、社内の男性たちが言います。男性たちは、「可憐《かれん》な少女像」を勝手に信じて結婚したのです。

ところが、結婚して子どもを生んだら、たいていは幻想が破れて、なかからべりべりと獰猛《どうもう》な生き物が出てくるのです。

多くの男性は、「裏切られたな」「だまされたよな」なんて言いますが、この年になって私もようやく、わかりました。

実は裏切られたのではなくて、その真逆なのだ、と。

それは、女性本来の強くてたくましい、「命の輝き」が、燦然《さんぜん》ときらめいているのだ、と。

特に、母となった女性は本当に強くなります。

社会的な役割や女性的な価値観なんか全部取っ払って、子どもを守って一人前にするためにはと、奮闘します。

自分が叩かれようが決してひるまず、「やるならやりなさいよ」という臨戦状態なのでしょう。

「ふん、何よ」と立ち上がってくる、しなやかな強さ、女性の大きな魅力の一つです。

NG

OK!

「他人のせいにするのは恥ずかしい」と思う矜持《きょうじ》

品性というと、花まる学習会内の女性では、KさんやTさんが思い浮かびます。

おそらく、品というのは、育ちから生まれるものなのでしょう。偶然にも、本のライティングを手伝ってくれている社内の女性はみな、品がよい子たちです。

立ち居振る舞いや、節目節目のちょっとした行動に、品のよさは表れます。

共通項は、**愚痴や、人の悪口は言わないこと**です。

「ちょっと聞いてほしいんですけれど、あの人……」というような人の落ち度を責める態度は一切見せません。

何かあった際も、あくまで自分の落ち度として報告してくるのです。

今や古い言い方ですが、「大和撫子《やまとなでしこ》」を体現しているようにも思います。

人間とは不完全な生き物です。

どんなにがんばっても「完璧」という人間はいなく、どこかがいびつであったり、でこぼこであったりするものです。

そういう自分の弱さを直視できるからこそ、人の至らなさや弱さも許し、最終的には「自分が至らなかったんだ」という考えを持てるのでしょう。

また、人生において、うまくいかない局面は多くあります。その**うまくいかないことを人のせいにするということ自体を、恥ずかしいと思う矜持がある**のでしょう。

こういう女性は、絶対的に信頼できます。

道を歩いていて、誰かとぶつかった際に、自分が悪くなくても「気づかず私がうかつでした」と声をかける。江戸《えど》仕草《しぐさ》の一つで、「うかつ謝り」と言うそうで、最近知りました。

つまり、人のせいにした瞬間に失うものがあるのです。それが「品」です。

NG
人のせいにする
あの人ったら まったく…
あの人が 悪いのよ

OK!
人は自分の鏡
あっ ごめんなさい
こちらこそ ごめんなさい

✿素直な気持ちが伸びていく秘訣

他人からの指摘に対して、「そうかな」と思って、素直に受け入れられる人は伸びます。子どもたちを指導していても、素直さがある子は伸びますが、何かと言い訳ばかりをしてやらない子は伸びません。

人からの指摘というのは、基本的には苦いものです。でもそれを受け止めて、自分を変えられるかどうかが重要なのです。社会人になってからも、少なくとも「なるほど、今のままではいけないかもな」と考えられるだけでも随分違います。

何年か前にアルバイトから社員になりたい、と志願してきた女性がいました。見立てとしては、「厳しい」のひと言。すぐに社員にするとは言えません。彼女には、「立ち方・歩き方・話し方・表情・語彙力」と、すべてにわたって指導しました。

そして、彼女は指摘されたことを素直に受け止め、一つ一つを改善しました。何年か修業期間を経て、見事、正社員に。

今ではあちこちに「M先生、M先生」「M先生のおかげで」と彼女を慕う保護者がいます。内勤の業務でも、新人研修をしょって立つまでになりました。

言われたことを受け止められなくて、ひねくれてしまい、結局は自分の居場所を失くしてしまうような人も多い今の時代に、彼女の存在は「素直さ」の価値を教えてくれます。

悪口や愚痴しか言わない不幸な女性

何が大事かと言うと、**幼少期には、ポジティブな言葉をまわりが言い続けているのが重要**だということです。子どもは、周囲を見て育ちます。素直な姿勢も、人への敬意も、親の態度から学びます。

お母さんが陥りやすい落とし穴は「愚痴」です。女性同士では、愚痴の言いあいが、世間話の一つのようになっている場合もありますが、せめて、子どもの前では愚痴を言わないでください。物事に対する否定・肯定の基本感覚を、子どもたちはすべて身のまわりの大人の言葉から学ぶからです。

たまにですが、息をするかのように人の悪口しか言わない女性もいます。残念なことに家庭環境がそうだったのでしょうが、人の悪い面ばかりを見ているとは、なんと不幸せな生き方でしょう。顔の相すら悪くなるようです。

「素直さ」とは、別の言葉でいうと、「世界に対する肯定的な見方を身につけていること」とも言えるでしょう。わが子の幸せな一生を考えて、ぜひ、ポジティブな言葉をかけ続けましょう。

NG

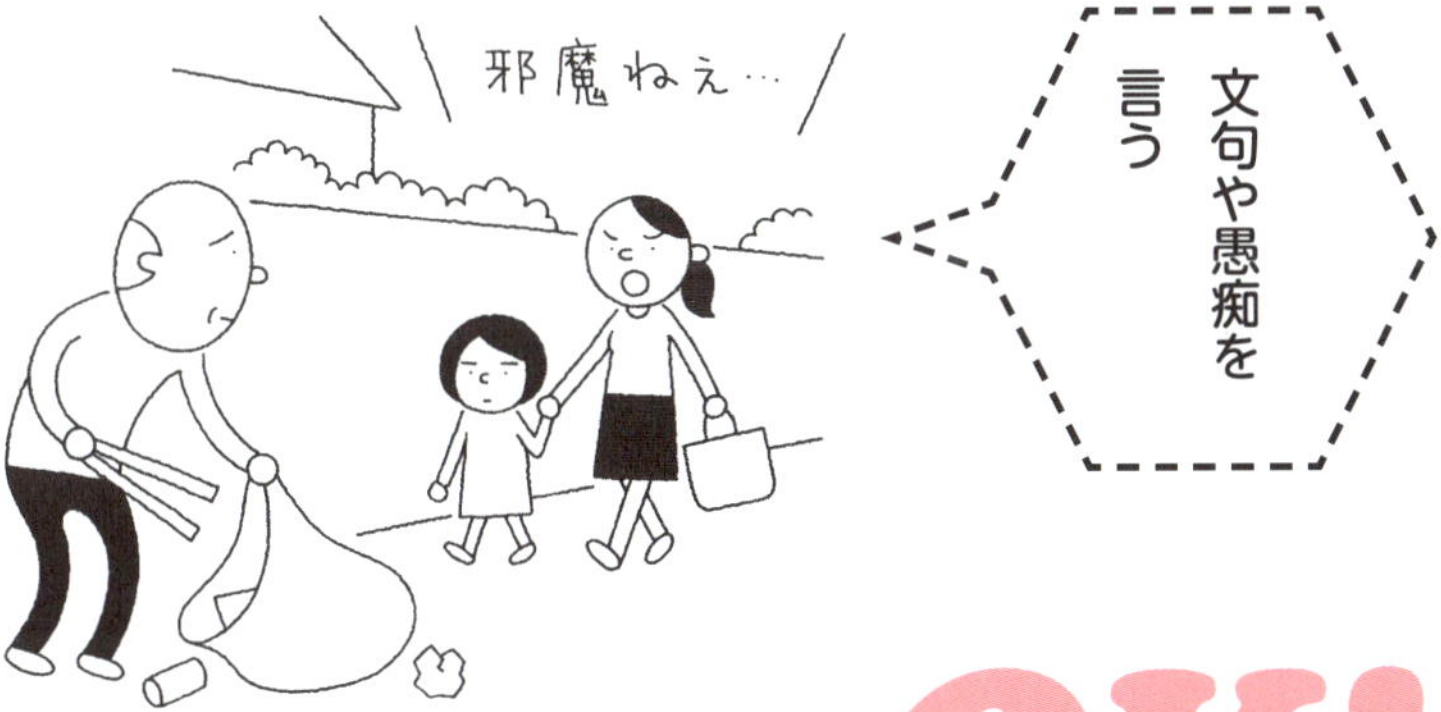
邪魔ねえ…
文句や愚痴を言う

OK!

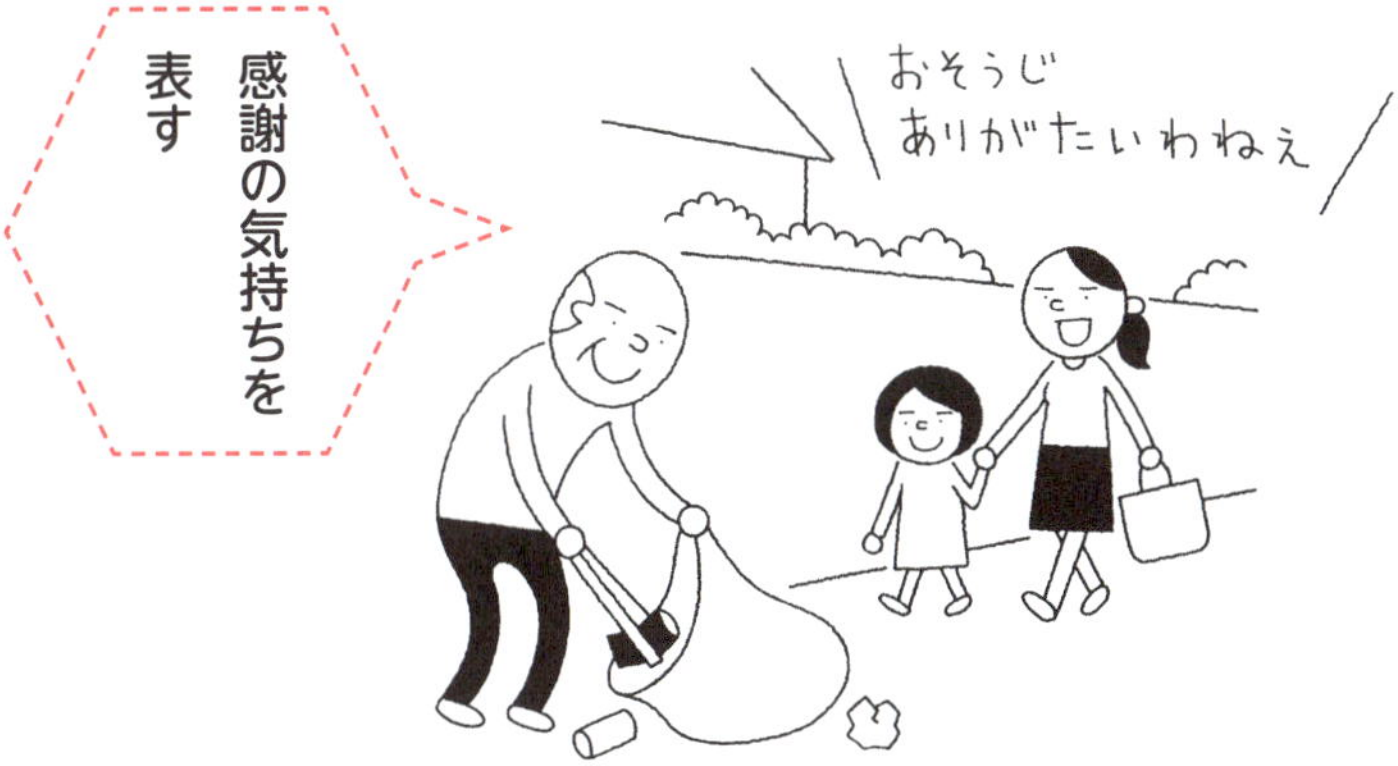
おそうじ
ありがたいわねえ
感謝の気持ちを表す

「漏れなく、きちんと」は最強の女の武器

女性と一緒に仕事をしていくなかで、大きな魅力の一つとして感じるのは、**「漏れのなさ」や「きちんと全部やる」という能力**です。

社会人として、本当に頼りになるなぁと思います。

花まる学習会では、正社員は全員、教室長としても勤務します。

教室では、子どもにも、母親にも、講師にも、そして施設の方にも、目配りや心配りをする必要があります。

また、教室長は業務として、授業素材の準備、入会などの事務手続き、自分の教室のウェブサイトの情報整理、体験授業の実施やその後の電話連絡なども行います。

人によっては、新規開校案件に携わったり、野外体験・教材作成・広報・総務・採用・育成などの業務に携わります。

つまり、各々が多岐《たき》にわたる業務を行っているのです。

「男のだらしない組（ここには私も含まれます）」は、つい好きなことばかりやってしまい「これ！」と思ったら、他のことは見えなくなります。もちろん、こんな男性も、活かし方次第では有用です。

ですが、女性の多くは、漏れなく全部やることが得意で、たとえば四つ仕事を頼んだら、四つすべてを滞《とどこお》りなく進めてくれる能力があります。私からすると、その仕事ぶりにはただただ驚嘆するばかりです。

男は豆腐《とうふ》一つも覚えられない

男側の気持ちからすると、日々たくさんの仕事が生まれるなかで、妻からの「豆腐、買ってきて」という一〇個目の仕事がどうしても覚えられないのです。

先日も、妻からのメールに「了解」と返したのはいいものの、家に帰ってガチャッとドアを開けて「豆腐は？」と言われた瞬間、固まりました。

「また忘れたの」
と言われながら、思わず深いため息をつきました。

自己弁護も含めて考察すると、深掘りしていく仕事はどちらかというと男性に向いているのでしょう。いわゆるマニアやおたくは男性が多いですし、研究者や芸術家、数学者なども男性が多い。グーンと仕事を深めていくことは得意だけれど、シャツのすそが出ているのに気づかないのが、男の子であり男性なのです。

よく講演会で「女性の感覚で『きちんと』を押し付けると、男の子はつぶれてしまいますよ」と言いますが、女の子は逆です。

「きちんと」ができる芽に水をやる

いわゆる清楚《せいそ》な良妻賢母に求められる「きちんと」ではなく、女性本来の性質としての「きちんと」を母娘間で継承していくと、社会に出てからも重宝されます。

ときどきいるお姫様体質の子や天才型の女の子はさておき、女の子が一〇人いれば、七人は「きちんと」ができる芽があると思います。

たとえば、「洗濯物を畳んでおいてね、しわまで伸ばしてね」と言ったら、ササッとその通りにやって「終わったよ、ママ」と言えるのが女の子です。

男の子だったら、こうはいきません。

まず、しわを伸ばす意味が理解できないのでやりませんし、途中で飽きてくるので、適当にぐちゃぐちゃと畳んで「やったよー」と言うのが関の山でしょう。

女の子の子育てにおいては、**「きちんと」できたことを認めてほめてあげさえすればいい**。その「きちんと」は将来、全部同時にやり遂げる「マルチタスク能力」として、わが子の大きな武器になるのです。

NG
当たり前でしょ
キチン
やって当たり前、
やれて当たり前

OK!

「ありがとう」

「上手にできたね」

上手！

キチン

見た目で負けないように応援を

「おしゃれ」と言うと、「なんだ、そんな表面的なこと」と思われるかもしれません。

しかし、おしゃれにまったく興味がない女性というのは、実は根深いコンプレックスを抱えているように思います。コンプレックスも抱え込みすぎると、その人の魅力を損なってしまうおそれがあります。


今の若い世代ではそんなことはないようですが、東京大学での同窓生でも何人かいました。「いや、人は外見じゃないし」と、身なり構わず勉学や研究に打ち込む女性たちが、です。

もちろん、言っていることは間違いとは言えません。

しかし、そこにまったく価値を見出さずに育ってきた女性たちは、一方でどこかしら自分に自信がなく、人に対して硬い殻をまとっているようでした。

おそらく育つ過程のどこかで、自分は「かわいくない」「おしゃれは似合わない」と思い込んで、その思い込みから抜け出せなくなってしまったのでしょう。

ただし、三〇年以上も前の話で、今の学生たちはずいぶんアカ抜けたなあと思っています。


小さいなら小さいなりに、小太りなら小太りなりに、どんな子にもどこかしらいいところ、魅力的なところがあるはずです。

「あなたは目がいいよね」

「髪の毛がサラサラで素敵」……。

ここは、娘の魅力をぜひ口に出してほめてほしいところです。


不思議なことに、**外見や服のセンスは、その家の文化が母娘間で伝承する**ことが多いと見ています。

「身なりに無頓着《むとんちゃく》だなぁ」という女の子はたいてい、お母さんも無頓着というパターンが多いのです。

どんな女の子も輝きはじめる

もちろん、娘がおしゃればかりにかまけていても、お母さんとしては心配でしょうから、何事もバランスではあります。

ですが、幼児期から思春期にかけて、**外見に関して、気持ちの面で負け組にまわらない**でほしいと思います。

年頃の女の子ならば、ちょっと髪型を変えたり、洋服を変えたりすれば、大概はかわいくなるはずなのです。

そして、自信さえ持てれば、どんな子もみな輝きはじめるのです。

自分の外見に自信がないお母さんは、娘がおしゃれをしはじめると、得てしてけなしたり非難したりしますが、それは確実にコンプレックスを植えつけることになります。

「あぁ、私にはフリルは似合わないんだな、かわいくないし」と。

わが子の幸せな将来を思い描くならば、最低でも外見で自信を失わないように育ててあげてほしいと思います。

母になったみなさんなら、おわかりでしょう。

社会に一歩出れば、本当に世のなかは、「蓼《たで》食う虫も好き好き」なのです。

娘なりのおしゃれ＝自己表現を応援してあげてください。

NG

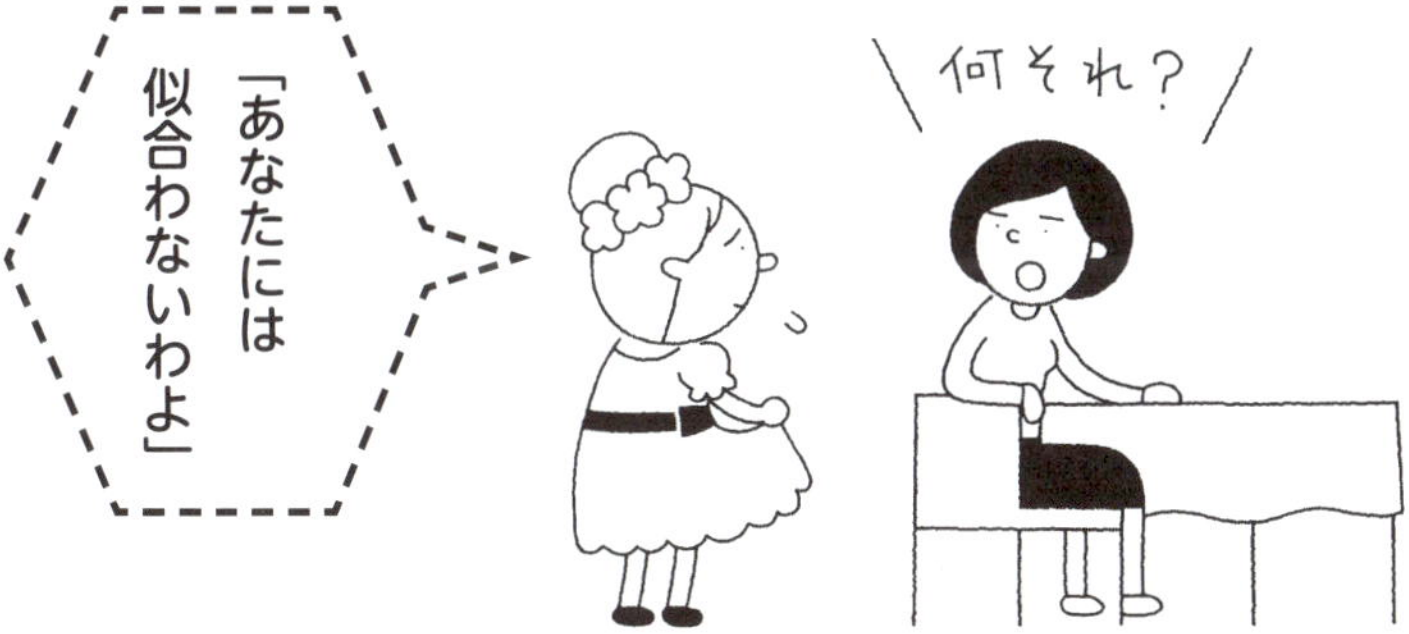
「あなたには似合わないわよ」
何それ？

OK!

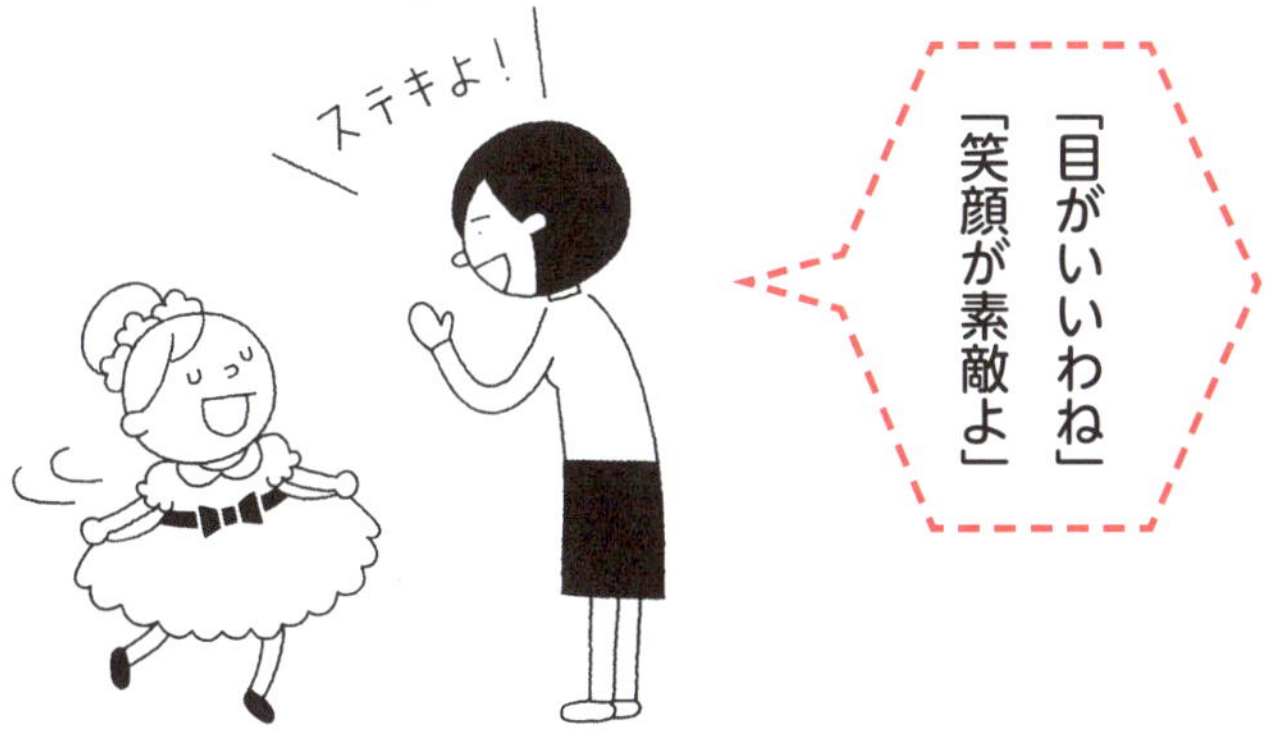
「目がいいわね」
「笑顔が素敵よ」
ステキよ！

気づき力女子や気づかい力女子は大事にされる

女性同士は毎日のように、

「ネイル変えた？」

「その洋服かわいいね」

「髪、切ったねー」

などとお互いに声をかけあいます。

気づく力は、総合的に女性の大きな魅力です。細かいところまで心配りをできる強みがあります。

花まる学習会では、講師はみな、子どもに対して、一日に一人につき一回、声をかけることをしています。これを「一、一、一をする」というふうに言います。

誰しもちょっとした変化等に気づいてもらえると、認められたと感じて嬉しくなる

ものなのです。

この所作は、特に、男性には徹底的に教え込む必要があります。花まる学習会の新入社員でも、この「一、一、一をする」が苦手で、自分の世界で生きてしまいがちな社員もいます。

こういう男の子たちは、うなずきが少なく、いつも仏頂面《ぶっちょうづら》のように見えるのも特徴です。「自分がどう見られているか」に、気を配ったことがないのです。

たまにカメラで撮って「ほら」と見せると、「ええ！　こんなにぶすっとしているんですか、僕」と驚きます。

自分を客観視する経験が少なく、表情を鏡でチェックする習慣がないのです。他の人への気づきが少ないことと連動する部分です。

気づきというのは、観察力であり、コミュニケーション力なのでしょう。もしかしたら、母性なのかもしれません。

たとえば、保護者と子どもへ「気をつけて帰ってくださいね」と、すっと挨拶できるのは女性です。おそらく、お母さんが子どもを心配する気持ちと、根本的には一緒なのでしょう。

男は学んでようやく言えるようになりますし、女性の気づき力や気づかい力に、世のなかの男性陣はとても助かっています。

そして、この力がある女性は重宝されます。

男は世界を動かし、女はその男を動かす

最近の観察でわかったことは、「**社会に出て活躍している男性には、必ず応援する女性陣がついている**」ということです。

いわゆる有名な社長など、男のなかの男も、「この人ががんばれるように」と、気づかい力抜群の女性が援護してくれているのです。

そういう女性が「社長、ダメですよ、ちゃんと手土産を持っていってください」と言ってくれてはじめて、男は動けるのです。男は世界を動かして、女はその男を動かすということなのかもしれません。

私自身も、お礼状をきちんと書けとか、ジャケットは明るい色にしなさいとか、ちゃんと休まなきゃダメですよとか、妻をはじめ、保護者のお母さん方、女性社員たちと、多くの女性の応援・気づかいに支えられて、ようやく会社が成立していると思っています。

「どこまでいっても、至らない」のが男の基本ですから、女性のみなさんは、その気づき力でもってぜひまわりの男たちを助けてあげてほしいと思います。

NG
「そんな細かいこと、どうでもいいでしょ！」
ハイハイ
あそこ汚れてるよ

OK!
「よく気づいてくれたね、ありがとう」
ほんとだ！よく気づいたね！
あそこ汚れてるよ

✿失敗を嫌う女の子に勇気を与える

若さというのは、みんなに平等に訪れる魅力です。

若いときは、一般社会のなかではかわいいとされる時期なのです。その大きな特徴として、「失敗が許される」ことがあります。

そのときに自分の範囲はここまで、と決めてしまうのではなく、自分がやれる領域を広げる方向で考えるのが大切です。

「これとこれをやっていればいいですよね」ではなくて、仕事を一つ与えられたら、自分なりの工夫を加えて、やり尽くす。「他のこともなんでもやってやる!」という気概《きがい》が、女性にも必要です。

とはいえ、私も若いときは、ここがわかっていませんでした。

「何歳になったって、失敗できるでしょう」と理屈として思っていました。

でもこの年になると、「社会的な地位があって、経験もあるあなたが何やっているの」という目で見られるようになり、失敗はできにくくなるものです。

声を大にして言いたいのは、**「若さという魅力で許されるのだから、トライアル＆エラーで何度でもくり返して、教訓を得ろ！」**ということです。

女の子は失敗を嫌う

幼児期に家庭でできる大切なことは、失敗経験へのプラスイメージをつけてあげることです。

まずは、「失敗してもいいのよ」と感じさせてあげること。

次に、「失敗してイヤだったな～」で終わらせてしまうのではなく、教訓を言語化してあげることです。

「大丈夫よ、その分あなたは強くなったのよ」というふうに。

女の子は特に失敗を嫌う傾向があるので、ここはくり返し励ましてほしいところです。

よくありがちなのは、

「どうしてできないの」

「何回同じことをやっているの」

「がんばらなかったからでしょ」

とついつい、失敗に対するマイナスの言葉がけをしてしまうことです。

でもそんなことを言われた子が、次に「よし、がんばろう！」と思えるでしょうか。


「こういうときに、めげないことが大切よ」

「こんなことができるようになったじゃない」

「ここを工夫すれば、次はきっとできるわよ」

「一つ賢くなったじゃない」

と、プラスのイメージで失敗を終わらせてあげることが重要です。

親の態度でプラスに考えられる

私が忘れられない、あるお母さんのひと言があります。

魚釣りをする野外体験から帰途についたときのことです。そのお母さんの子は「一匹も釣れなかった。もう二度と行かない！」とふてくされた態度を示しました。

すると、そのお母さんは、「あれっ？　こんなことでめげる子だったかな、○○は？」と言ったのです。その子の瞳が光って、しばらくだまって「次、もう一回がんばる」と言ったのでした。

これは男の子の例ですが、女の子にとっても大切な教訓が含まれています。

プラスに考えられるかどうかは、子どものうちは、親の態度にかかっているでしょう。**失敗経験とその克服には、言うまでもなく、子どもにとってとても重要な成長課題が含まれている**のです。

NG
がんばらなかったからでしょ
マイナスの言葉がけ

OK!
次はきっとできるわよ!
プラスのイメージ

column

成人男性の本音

①異性を学べ

若い女性スタッフたちを見ていて、「男性との距離がうまく取れないがゆえに損しているなぁ、本当はもうちょっとうまくできるのになぁ」と、思うことがあります。

男性に不必要にきつい言い方をして、必要のない対立を生んでいる子。

逆に、私に対しても、無駄に遠いところからボソボソと話しかけてくる子……。


私は、スタッフにもよくギャグを言います。

ちょっとでも笑ってもらおうと、「このまま二人だけになっちゃったりして」と軽口を叩いたりするのですが、すぐに顔がひきつって、逃げ帰るような女子校・女子大出身の子もいます。

「緊張をほぐしたかっただけなのに……」と、なんとも後味が悪い思いをしたことも何度かありました。

一方、男性慣れしている女性は、**男なんて怖くも何ともないという距離間で近寄ってくるから、とても話しやすい**のです。

冗談にも応酬してくれ、非常に和やかな関係ができあがります。

何が言いたいかというと、「恋愛も含めて広く浅く、多くの異性を学んでほしい」ということです。

それは、何も恋愛や結婚で役に立つばかりではなく、仕事の場で関係性を作るのに大いに役立つのです。

小さい頃で言えば、男の子も女の子も分け隔《へだ》てなく、みんなで遊び尽くすような環境があれば最適です。

②ぶりっ子

一〇代の頃は、「ぶりっ子＝可憐な少女像」を信じていました。

今はもう信じていません。

この年になってわかったことですが、本当に可憐な女性は、ついにひとりもいませんでした。

しかし、世のなかでは雑誌のグラビアでも何でも、男が望む可憐さを体現している少女像が溢れかえっています。

今ではいい意味で、そんなのは嘘っぱちだとは思いますが、一方で**男性の本音としては適度なぶりっ子もやはり嬉しい**ものです。

「カッコいい」、「すごーい！」と言われれば、調子に乗ってしまうのが男性ですし、「やっだー」と肩を叩かれるボディタッチも決して嫌いではありません。

つまり、男性はぶりっ子に弱いところがあるのは確かです。

逆に、女の人は基本的に、ぶりっ子には冷たいなぁと思います。

女の人の本音としてはこうでしょう。

究極、大好きな人の前で、声が高くなってぶりっ子するのはいい。でも、誰にでもぶりぶりするな、と。

先日、電車のなかで素敵なカップルを見かけました。二〇歳くらいでしょうか。女の子はどちらかというと、外見はモサッとした子だったのですが、ある駅で彼氏が乗ってきた途端、フワーッとオーラを出しはじめたのです。かわいくモジモジして、甘えた声で、そっと腕を触って彼を見上げるその目線。

ぶりっ子と言われようが何だろうが、あの顔で見られたら、どんな男性も「俺が守ってやらねば」と、その可憐さにだまされるなぁと思います。

女子校出身者の一部には、**妙に斜に構えてぶりっ子を毛嫌いするがゆえに、かわいくふるまえない女の子もいて、損をしている**なぁと思います。

ペアになろうとするのは、種の本能ですから、可憐を演じるのも必ずしも悪くはありません。意中の相手には、自然とそうなってしまうのは素敵なことです。

男性も女性も、恋は妄想と勘違いからはじまるのですから。

第5章

学力

「苦手」「嫌い」に逃げない
優秀な女の子に育てる

さて、ここまでくると、大枠の部分で「メシが食えて、魅力的な女の子」になれるでしょう。

最後に、気になるお母さん向けに、長年学習塾で教えてきた経験から、「あと伸び」して将来「優秀さ」を発揮できる子どもに育てるためには、幼児期や小学生時代にどういう点に気をつければいいのかを述べていきましょう。

ある意味当然ですが、ここは、男の子の育て方と共通する部分も数多くあります。

「よい子に見せるための勉強」に注意

あと伸びしている子は、勉強面にかぎっていうと、二つのことを大事にしています。

・自分をだまさない。
・わからない自分をそのままにしない。

こういう子は、「適当な勉強や、やったふりを気持ち悪く思う子」、「わからないままノートをとっているだけの時間がむなしくなる子」です。常に、本当にわかった気持ちよさで勉強しているのです。自分で目の前の一問を考え尽くして、「わかった！」という快感を知っている子は、自分をだますことはしません。

問題ができたか・できなかったかだけに、お母さんの目はいきがちですが、それでは、子どもは答えが合っていさえすればいいと考える、「答え信奉者」になってしまいます。

当たり前ですが、勉強は、答えではなく、考える過程こそが大事なのです。考え方自体を納得して、身につけていかなければ、次のステップの難しい問題には、すぐに太刀打《たちう》ちできなくなってしまいます。

特に女の子は、第1章の特徴のところでみたように、「よい子であろうとする」ので要注意です。

お母さんとしては、娘が「勉強にまじめに取り組んでいるか」「できているか」にとらわれるのではなく、「おもしろさや達成感を感じているか」をよくよく観察する必要があります。

「いいじゃん、最後、答えは合ってるんだから」と子どもが言い出したら、黄色信号を通り越して赤信号です。

自分の納得勝負ではなく、「**お母さんに見せるためのやっつけ勉強**」や「**体裁を整えるための勉強**」になりはじめている可能性があります。

勉強は考える過程こそが大事

「考える＝楽しい」があと伸びの土台

幼児期や低学年時代には、迷路がお勧めです。解けたときの達成感が必ずあります し、図形的にもすごくおもしろいのです。

お母さんが気をつけるべき点は、**「好きにやらせてあげること」**、そして**「考えることを一緒に楽しむこと」**です。

お母さんの気持ちとしては、たとえばせっかく一冊のドリルを与えたのなら、はじめから一ページずつ全部を仕上げてほしいと思うでしょう。でもドリルの内容によっては、考えることが嫌いになってしまう場合もあります。

発想力を問うようなパズルや問題を家でやる場合は、

「どこから手をつけてもいい」

「そのときわからなければ、またチャレンジすればいい」

という大らかさが必要です。

正解するのが目的なのではなく、「考えることが楽しい」と感じてもらうことが目的だからです。

これまで、多くの子を指導してきましたが、その「考えることは楽しい！」という感覚のまま、小学校高学年を迎えることができたのなら、少なくともあと伸びの土台がある、と言えるでしょう。

考えることが楽しい問題例①

仲間《なかま》はずれを１つさがして丸《まる》をつけなさい。

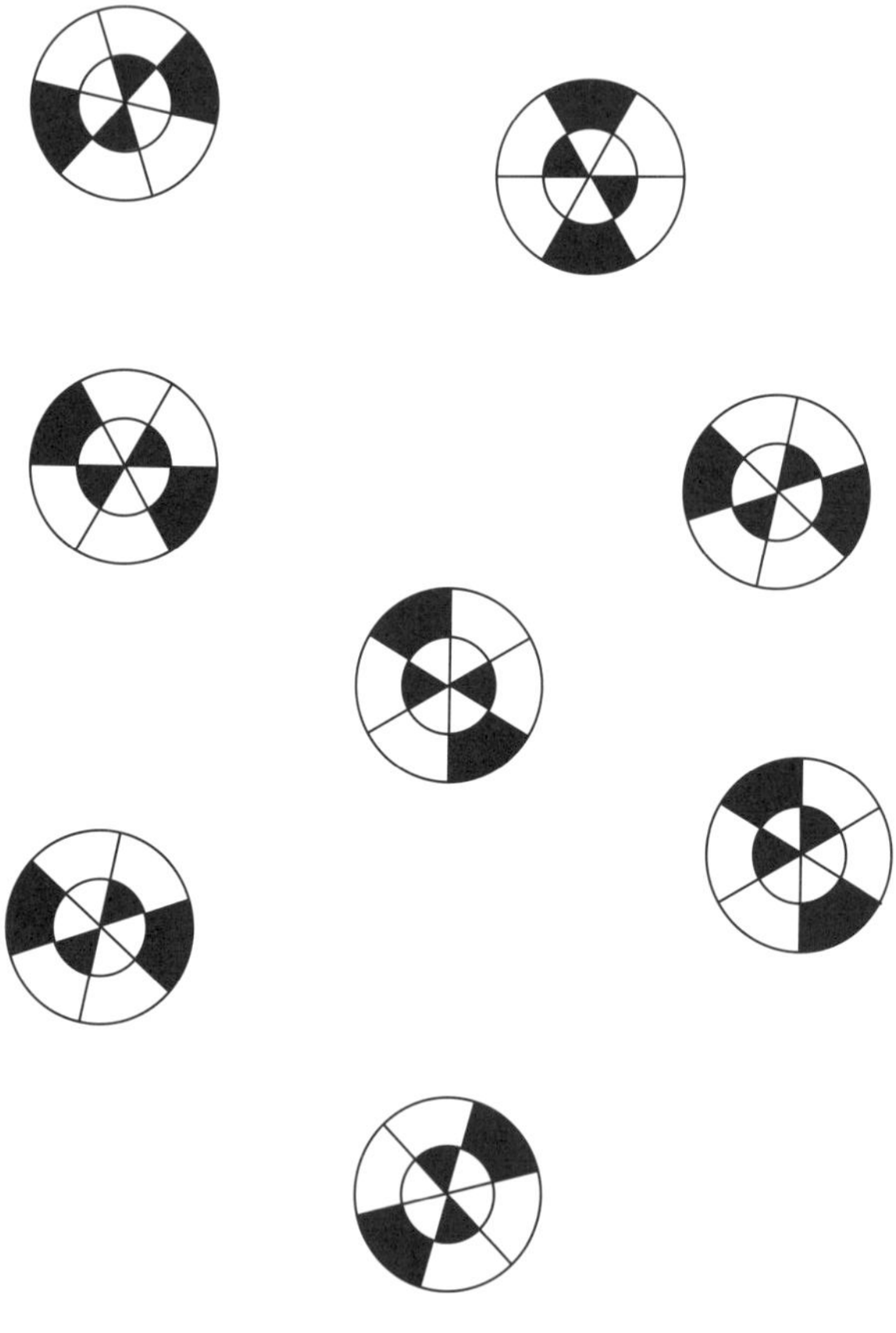

考えることが楽しい問題例②

左《ひだり》にある4つの図《ず》は、あるものを、上《うえ》、右横《みぎよこ》、下《した》、左横《ひだりよこ》から見《み》た時《とき》の図《ず》です。あるものはどのように置《お》かれていますか。

右《みぎ》の①〜④から選《えら》んで丸《まる》をつけなさい。

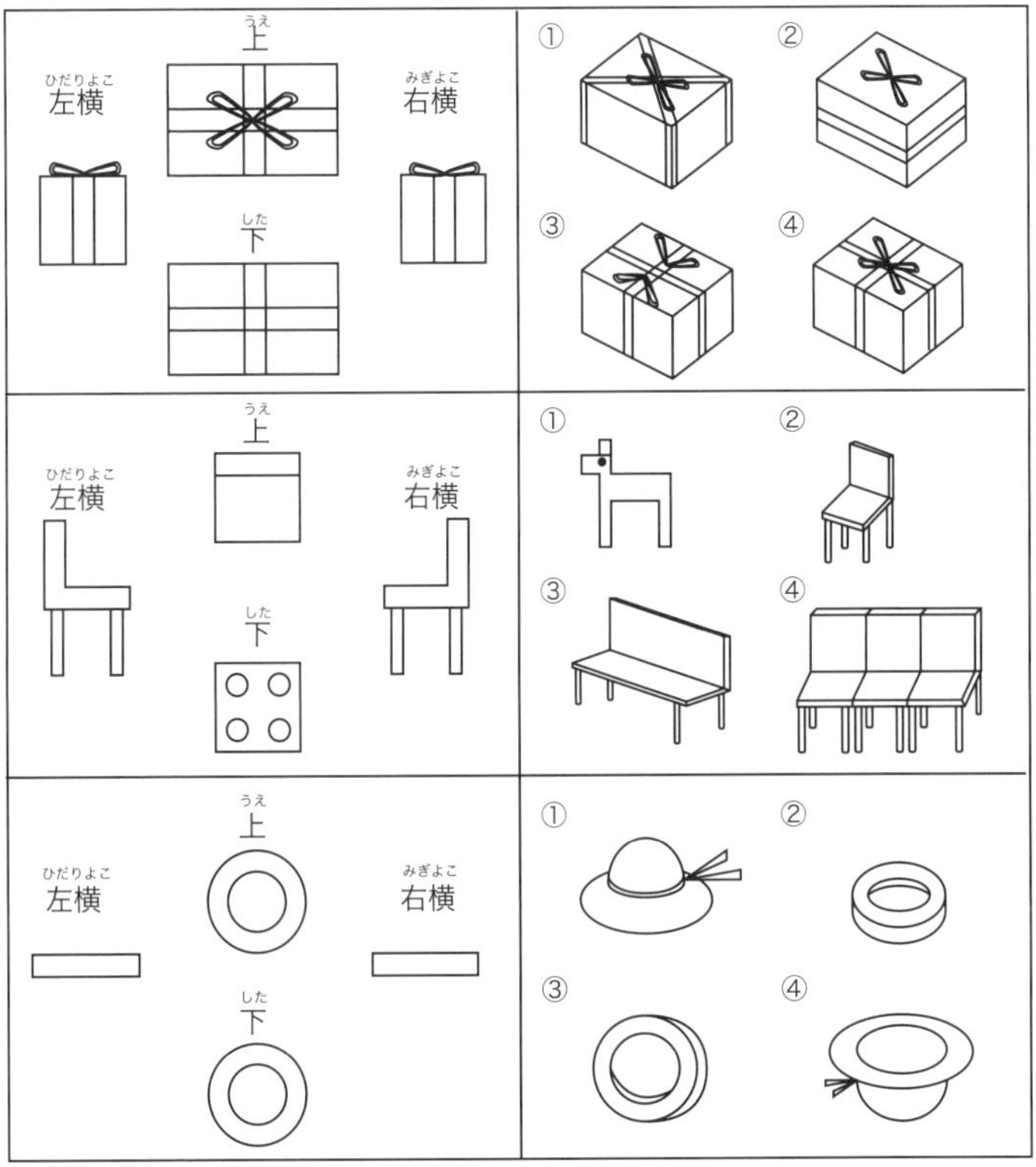

考えることが楽しい問題例③

ある規則《きそく》にしたがってカギを4ついっしょに回転《かいてん》させているよ。

？ にはいる数字《すうじ》は何《なん》でしょう。

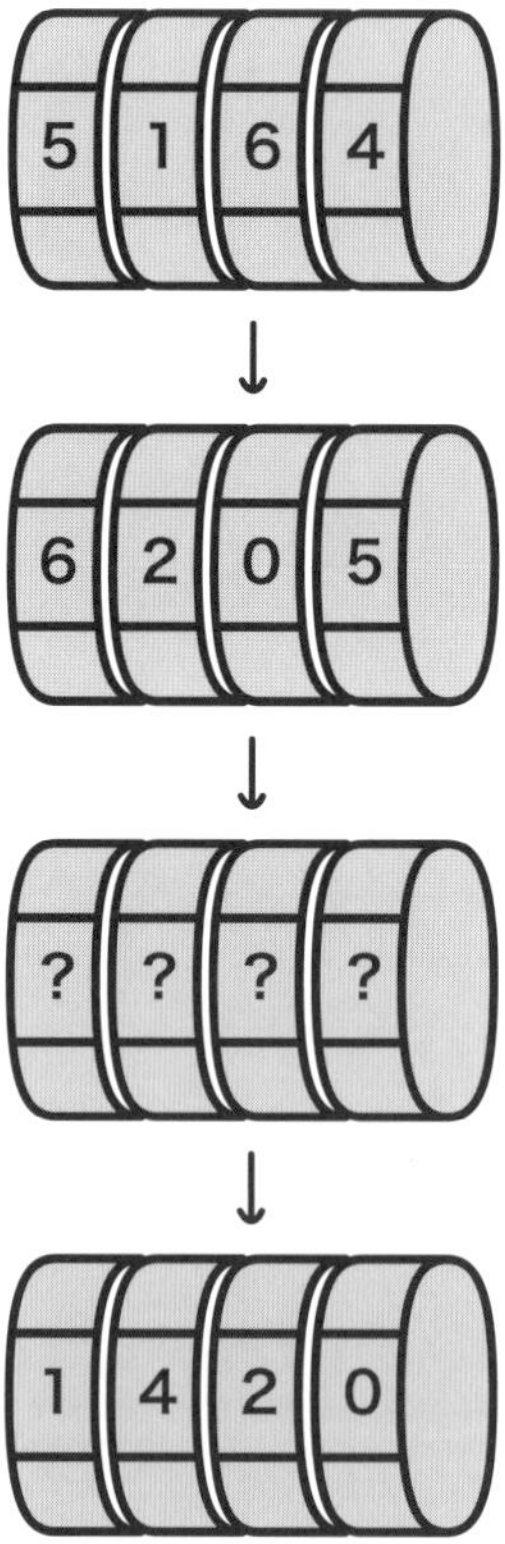

考えることが楽しい問題例④

マッチ棒《ぼう》を3本加《ぼんくわ》えて、広《ひろ》さも形《かたち》も同《おな》じ3つの形《かたち》に分《わ》けなさい。

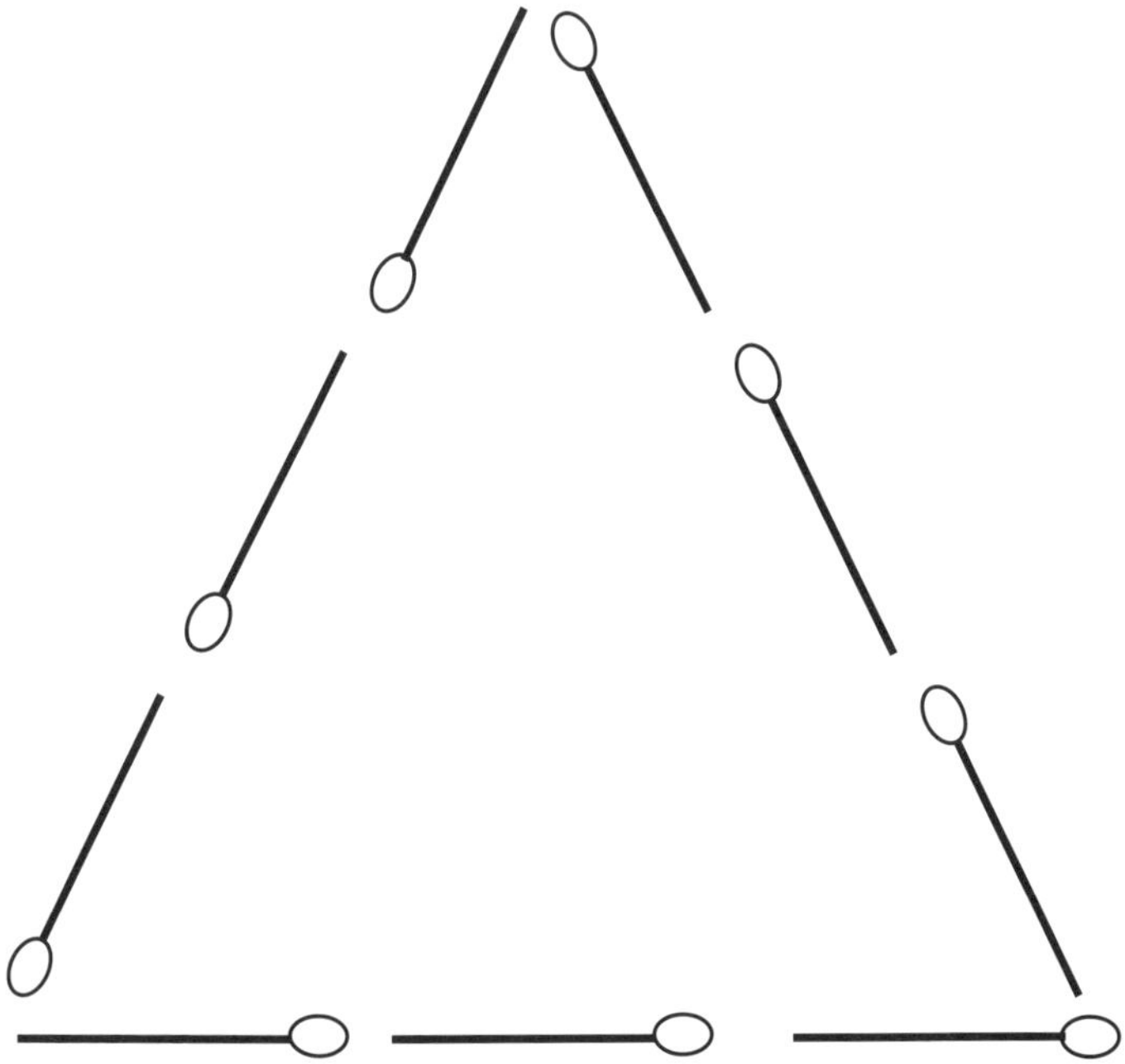

✿机に向かう姿勢は丁寧に何度も言い続けて

実は、勉強するときに、背筋のピンと伸びた姿勢を保っていられない子は、学力も伸びません。おそらく、ある一定の筋力（腹筋・背筋）がないことも関係しています。脳みそが集中したいのに、体が支えてくれなければ、机に座って考え続け、書き続けることができないからです。人は書きながら、物事を考えるのです。

女の子は男の子に比べて比較的、背筋よく座ってくれるでしょう。それでも、正しい座り方は、お母さんが落ち着いて何度も何度も言い続けてあげることが重要です。**ほおづえをついたり、猫背でひじをついたりする姿勢は、女の子にもよく見られる**からです。

花まる学習会では、この「姿勢」もゲームにすることで、子どもたちに意識づけをしています。

「手はひざで、いい姿勢で先生を見られるのは誰かな?」

「今日の姿勢賞はBちゃんでした!」という具合です。

家庭では難しい場合もありますが、兄弟姉妹揃って勉強する場合は、優劣を決めるのではなく、

「お姉ちゃんは、つま先まで揃ったいい姿勢だね」

「けんちゃんは、左手の置き方が完璧で、いい姿勢だね」

と、望ましい方向に進むようにまんべんなくほめていくとよいでしょう。

✿女の子こそ「字のスピード」も気にかけて

たとえば、こんなことをしていませんか？

娘が小学校から帰宅したら、ノートをチェック。「この字読めないじゃない！」「きちんと書きなさい、きちんと！」と怒鳴って書き直しをさせる……。

実は、低学年の頃は、ノートをきれいに取ることよりも大切なことがあります。

それは、**頭のなかで「わかったー！」「頭のなかに入った！」という快感を得ること**です。

そうでないと、ノートは「理解していなくても、怒られないようにお母さんのために書くもの」になってしまいます。

また、「きちんと丁寧」にこだわりすぎてノロノロとしていると、テストで時間が足りない子になってしまいます。

書道や硬筆など、きれいに書くべきときはもちろんきちんと書かせるべきですが、普段、字を書くときは、スピード感も大事です。

たとえば、中学三年生になってからのトップの子たちの争いを見ていると、常に手を動かして、ものすごいスピードで問題を解いています。問題量が多く、そのトップスピードで書きながら考えないと、全部を解ききれないからです。

幼児期のうちに、やるべきときはサーッと素早くやる癖をつけましょう。

ここは女の子の学力を考えたときに、陥りがちな罠のひとつです。

「ゆっくり丁寧にきれいに」は小学校では賞賛されますが、本当の意味での学力を考えた際には、いつでもそれが正解かどうかには、疑問符がつきます。

たとえば、百マス計算のような反復の計算などは、だいたいの字がわかればよいものなので、丁寧に書きすぎる必要はありません。

そのかわり集中力をつけさせるために、ストップウォッチで時間を計りながら取り組むなど、スピーディに書くよう、導いてあげましょう。

言葉はすべての学力の土台

伸びる子の家庭は適当な言い方を逃さない

伸びる子の家庭の特徴として「言葉の環境」がよいことが挙げられます。言葉のキャッチボールが盛んで、豊かで楽しい会話に満ち溢れています。そして何よりも、お母さんお父さんが、子どもの言い間違いをさりげなく修正する習慣があることが重要です。「適当な言い方を逃さない」ということです。

よく「○○大学出身のお父さんだから、その子どももすごいね」と人は言います。遺伝子的には、部分的に正しいけれど、大半ははずれています。そういう家庭は、「両親の言葉がしっかりしているから、子どももすごいね」なのです。

一語をちゃんと言うという、言葉に対する厳密さの感覚は、あと伸びのいろはの

「違う」です。そういう家庭で育った子は、小さい頃から間違った言葉に対して「違うよ」と突っ込んできます。何の科目を学ぶにしても、言葉の定義から学びははじまるのですから、大切なポイントです。

たとえば、東大に行った教え子がいます。

あるとき、「葉っぱが落ちて腐って……」という説明を子どもたちみんなにしていたら、小学一年生なのにもかかわらず、彼は「腐葉土でしょ」とひと言で表しました。

このように、世界の一つ一つを言葉にして理解していく感覚は、伸びる土台として非常に大事です。幼児期や小学校低学年の時期は耳学問でよく、音として理解すればいいのです。「言って、聞いて、言って、聞いて」で十分です。

また、「会話が大事」というのは、相手の言いたいことをしっかりつかんで返しているか、つまり、キャッチボールになっているかが重要だということです。親も子どもも、自分の言いたいことだけ言って流していると、癖になってしまいます。

お母さんが陥りがちな罠《わな》は、「わかってあげちゃう」こと。言葉足らずで言いきれない状況を待てなくて、親の側から言い換えてあげてしまうことは往々にしてあります。

しかし、そのように察してしまってはいけません。説明する習慣は、言葉が少なくなる中学生になってからでは身につかないからです。

「水」とか、「お母さん、トイレ」など、小学校に入っても、単語で言葉を発している子は要注意です。

「水が何?」

「お母さんはトイレじゃないよ」

とあえて聞き返しましょう。

「のどがかわいたので、水をください」「トイレに行きたい」と、小さい頃の会話で正しい日本語をしゃべらせることこそが、大きな目標です。

お母さんは
トイレじゃないよ
お母さん
トイレ
「わかってあげ」ちゃわない!

文章題でつまずかないための三つのステップ

文章題については、小学一年生に上がるときが最大のポイントです。

小学校低学年までの子どもが問題を解いていて「わからない」と言うときは、解き方がわからない場合もありますし、問いの意味がわかっていない場合もあります。文章を読みきれないだけで、実は、口頭で言って聞かせると、問題ができる場合もあります。

しかし、たいていの場合は、解いている途中で、

「何でこんな問題もわからないの！」

と、お母さんが子どもにキレてしまうことが多いようです。

しかし、**国語的（言語的）な発達が早い女の子にとっても、お母さんが思っている以上に、文章題の壁はかなり高い**ものなのです。

まず、問題文を読んで状況をイメージする必要がありますし、そのうえ、イメージ

したものを式に置き換える必要があるからです。

「きちんと読みなさい！」と、どんなに怒ったところで、きちんと読める子はひとりもいません。

まず、

①一緒に読んで状況をイメージさせる。

②図（絵）に書かせる。

③そこから式に変換する。

という三ステップを何度も練習してください。

それから、「この子、何回読んでもわかんないみたいなんですよ、何でですかね〜」と子どもの前で言うのは絶対にやめましょう。時がくれば、必ずできるようになるものです。できるようになる前に、お母さんの言葉によって「苦手意識」が染みつくと、「本物の苦手」へまっしぐらです。当然、勉強そのものが嫌いになってしまいます。

漢字をやるなら身近なところから

「小学校で習う前に、漢字は教えていいですか？」とよく聞かれます。本人がやる気ならば、何を教えても邪魔にはなりません。いくら教えても大丈夫です。いけないのは、「子ども本人は本心ではイヤだけど、お母さんの顔色を窺《うかが》ってやってみせている」状態を続けることです。

生活のなかでこそ文字や漢字は身についていくので、学習の入り口の段階では、自分の名前、親の名前、好きなキャラクター、好きな生き物の名前などから興味を広げていくことをお勧めします。

ただし、第3章にも書きましたが、子どものあと伸びのために、小学校に入ったら、どんなに強制しても大丈夫な項目がこの「漢字」です。

わからない言葉をそのままにしない

わからない言葉は親が調べてみせることが、重要です。親に辞書を引く習慣があれば、子どもも必ず辞書を引くようになります。今ならば、ウィキペディアなど、ネット上で調べるのもありでしょう。

親の「わからないものを、わからないままにしない」態度が、わが子の「調べる力」に繋がるのです。

最後は背中で語って本好きに

平均していうと、女の子のほうが、男の子より本を読む傾向があるようです。

私が見るに、本を読むようになる成功例は三つです。

①お母さんのひざの上での、読み聞かせが成功した。

②親が本の虫である。

③思春期での「一冊」との出会い。

私も、思春期の悩める時期に、答えを示してくれるような一冊に出会って、本が好きになりました。そして、青年期はそれこそ貪《むさぼ》るように、様々な本を読みました。

もし読み聞かせが失敗したとしても、あまりがっかりしないでください。

次なる手段は、親の背中で語ることです。親の自分が本を読まないのに、口すっぱく「本を読みなさい！」と言っても子どもが読むわけはないのです。「今、本を読んでいるから、あっちに行ってて」と言うほうが、子どもは本を読みたがるようになるものです。

しりとりで語彙を増やす

しりとりの実力で、子どもはもちろん大人でもその学力がわかります。子どもは、言葉に関するゲームは何でも好きなものです。ちょっとしたスキマ時間はいつでもあるものですから、しりとりで、積極的に子どもの語彙を増やしていってあげましょう。

力がついたらついたなりに、**「四文字しばり」とか、「野菜しばり」など、ルールを工夫して設定する**と、いつまでも楽しめます。

数理感覚を家庭で身につける

計算ドリルから数字に触れてはいけない

高学年になって、算数で伸び悩む子の特徴として、「計算ドリルから数字に触れた子」というのが一つの定番としてあります。**ドリルが悪いわけではなく、順番が大事、**ということです。

ドリルより前に、お風呂で一〇〇まで数えるなどといった数唱《すうしょう》や数え上げで、数の感覚を身につけることこそが重要なのです。

計算ドリルから数字に触れてしまうと、なんとなく計算問題は解けてしまうようになります。

しかし、数の感覚が育たないのです。すると、たとえば小学六年生の中学受験時に、整数問題にまったく太刀打ちできなくなってしまう、という悲劇が起こります。

トップ校では、ほぼ必ず「整数問題」が出題されますし、ここでこそ差がつく厳しい世界であるというのに、実生活のなかで数に触れてこなかったがために、毎年苦しむ子を何人も見ています。

お母さんができることとしては、遊びとして取り入れること。たとえば、**おままごとで、お皿やお箸《はし》の数を一緒に数えたり、お花の数を数えて冠を作ったりする**のです。

アナログ時計はあと伸びの宝庫

時計は、あと伸びの要素が詰まった宝庫です。時計を家に置くなら、絶対にアナログ時計をお勧めします。

算数・数学の世界での難問の一つの柱は、二つのものが違う動きをするという問題（偏微分・旅人算などの速さの問題）です。時計は、それを体験する最初のステップとなります。というのも、アナログ時計は「分」と「時」が同じ盤面で違うものを指しているからです。角度・面積・十二進法などの領域でも意味ある基礎体験ができます。

「パパが家に帰ってくるまで、あと何分でしょうか？」

そんなクイズを出すのもお勧めです。

生活のなかで知っていないと困るものは、子どもも覚えます。

「短い針が8と9の間、長い針が6になったら、幼稚園に行く時間だから、教えてね」など、生活に根差したところから時計に親しむとよいでしょう。

「けんかしないように分ける」リアルさ

「数字に親しむには、身近なところから」をお勧めします。自分と家族、友達と好きなものに関係する数字は親しみやすく、覚えやすいものです。自宅の電話番号や郵便番号、住所、生年月日、好きなおかしの値段など。生活のなかで知っていないと困るものは、子どもも覚えますから、そういうものからはじめるのがよいでしょう。

また、小学生になってから習う割り算などの概念も、生活のなかから学んでいくと、表面的なただの計算でなく実感をともなった理解に繋がります。

たとえば「おかしを、お父さんとお母さんとお兄ちゃんと自分に、けんかしないように、分けてね」とお願いするのです。「**けんかしないように分ける**」というのは、子どもにとってとてもリアルです。真剣に集中して考え、シェアしてくれるでしょう。

✿思考力はお母さんが伸ばす

思考力問題は、今では中学・高校・大学受験、就職試験でも問われるようになってきました。いわば、頭のいい人を見極めたいときに出題する問題の主流となっているのです。

単純な計算問題なども出題されるではないか、と思う人もいるでしょうが、今やただ答えが合っていればよい、というものではなく、計算の「工夫」を見るために出題しているのです。

さて、そのように工夫する力に直結する思考力を伸ばすには、次のことがお勧めです。

お手伝いが工夫体質を育む

お手伝いを任せていやがる子はいません。お母さんから任されると、一生懸命尽くしたくなるのが子どもです。そして、日々同じことをくり返していると、必ず工夫し、要領よくやりはじめるのは、どの子にも共通した特徴です。

たとえば、お風呂洗い一つでも毎日やっていれば、「洗剤の量をなるべく少なくして、すみずみまできれいにするにはどうすればいいのだろう、こうやってみようかな」などの工夫が生まれます。

私の経験をお話しすると、五右衛門《ごえもん》風呂を沸かすのが毎日の仕事でした。最初は火をうまく調節できずに苦労しました。しかし、自分なりに工夫してできるようになると、「よっしゃー、燃えた！」という快感につながっていったのを思い出します。

布団干しも、干したものを最初は、屋根の上から「うんせ、うんせ」と普通に下ろしていたのですが、そのうち、弟に下にいてもらって、手すりにかけて滑り落として取ってもらったりしていました。

実は、何かしらの工夫をしたことがない子に、問題を解く段階で「工夫して」「もっと簡単に」と言っても、やり方がわからないのです。

「工夫」とは、一つの意思です。**「工夫」する喜びや感覚を体感として味わったことがない子に、問題を解くときだけ工夫してと言っても、できるわけがない**のです。

自分でやらなければ気が済まない子に

お母さんは、かわいくてかわいくてしかたがないわが子に対しては、何でもついついやってあげたくなるものです。

「もう、ちゃんとやんなさいよ」とかなんとか口では言いながら、いつもやってあげてしまうお母さんもいます。しかし、それでは子どもは成長しません。子どもの工夫と主体性、失敗経験や成功経験すらも奪っていることになります。

料理など、生活のお手伝いを「やらせてあげる」ことは、かえって余計に大変になる場面がたくさんあります。

しかし、小さい頃にたくさん失敗して工夫した経験があり、主体的にやろうとする子ほど、あと伸びするものです。次の段取りもイメージしているお母さんには、子どもの手伝いが「モタモタした時間」と感じられることもあるでしょうが、全体を見渡して、適度に経験させてあげてください。

第4章でも述べましたが、女の子は「畳んだ服は、たんすにしまってね」「家に帰ったら、コートをかけてね」と、「きちんと」を継承していくことで、将来も輝ける女性になるのです。

「なぜ?」をほめる

「なぜ?」という頭の働きをほめてほしいと思います。疑問を感じる力は、将来、魅力の一つになります。豊かな発想力がある人は、「なぜ?」という問題意識が高いのです。そして、問題は何なのかを言葉にしてためているから、アイデアが次々と出るのです。

「なぜ空は青いの?」などのように、お母さんお父さんが、すぐには答えられない質問であったとしても、「よくそんなことを思いついたね」とほめてあげましょう。そして、一緒に考えたり調べてあげると、子どもの好奇心が育ちます。

小さい頃の「なぜ？」に対して

「そんなのどうでもいいでしょ！」

「そんなこと知らないわよ！」

と答えていては、疑問を感じる力は育ちません。

本当に忙しいときは、「あとで」でもいいのです。

「ごはんを作り終わったらね」

「洗濯物を干したらね」

「弟が寝たらね」

「新聞を読み終わったらね」

ひと段落したら、「さっきのなあに？」と一緒に考えて、おもしろがってあげることが、子どもの発想力、ひいては将来の問題意識の高さに繋がります。

自然から学べるたくさんのこと

天才は山川に囲まれて育った人が多いと聞きます。世界の多様さを五感で感じることが、知能の源となるのでしょう。

たとえば、自然のなかで遊んでいると、木のとげが指に刺さったときの「痛さ」にも直面します。生き物や木の葉が「腐る」などの自然の摂理にも向き合うことになります。石ころ一つでも様々な模様や色合いがあり、どれ一つとして同じものはありません。

それらは、都会の滅菌された清潔さや、作られたレジャー施設での遊びでは、到底味わえないことなのです。

よく、立体を重ねた図があって、裏に見えない立体も含めて全部で何個あるかを問う問題があります。こういう問題で、空間認識力を測ることはできても、伸ばすことはできません。

脳科学者の言葉を借りるまでもなく、やる気のなかで伸びる能力ですので、幼児期における外での遊びが重要です。

一般的に右脳の能力（図形センス、空間認識力、見える力）というのは、野外でこそ断然育つのです。木に登る、滝に飛び込む、かくれんぼ、球技などは、必然的に三次元をイメージしながら遊ぶので、空間認識力が自然と身についていきます。

　空間認識力は、入試の最後の最後に差がつく部分ともいわれており、「空間認識の力がないから医学部をあきらめました」という話も聞きます。小さい頃の遊びの質も少なからず関係しているのですね。

ボードゲームはお父さんに手伝ってもらって

　ボードゲームは、子どもの頭が一番活性化した状態で、論理的に考えることを教えることができます。トランプ、囲碁、将棋など何でもいいのですが、相手が目の前にいて、「勝ちたい」「悔しい」などの感情をともなうことで、脳が一層活性化するのです。「必死さ」という状況を作るのに、ボードゲームはとてもよい素材です。

　たとえば、詰め碁の問題用紙を渡されて、「はい、解いてください」では、誰しもよくて六割程度の力しか出せないものです。

数学でいう理詰めとは、論理力のことです。論理力とは、「必要条件」と「場合分け」を使い分けること、と定義できます。

必要条件とは堅苦しい表現ですが、要するに「せばめる力」です。無限にありそうな可能性を、ここまでにはしぼり込めるという視点を発見する力のことです。知力の最後のたたかいは、必要条件の発見力勝負といっても過言ではないのです。「言われればわかるのに……思いつかないよ」を、どう思いつくかの勝負なのです。

そうやってしぼり込んだうえで、今度は可能性のある何通りかの場合を、それぞれを分けながら、粘り強く丁寧に漏らさずに検証していくことが必要です。こちらの力は後天的な力で、やり尽くす遊びをしてきたか、粘り強さが育っているかなどが問われます。

実は、ボードゲームの多くには、この「必要条件」と「場合分け」の要素が両方とも含まれているのです。

これらの能力が伸びるために一番いいのは、ボードゲームのあとの感想戦です。たとえば、囲碁を父娘でやるとしましょう。決着がついたあとに、

父「なんでこう打つんだ？」

娘「だってパパは、私がこう打ったら、こう打ってくると思ったんだもん」

というように、会話のレベルで理詰めをやると、さらに論理力が伸びます。

ただし、お母さんはあまり好まない世界かもしれませんので、無理にがんばる必要はありません。そういうときは、お父さんでも叔父さんでもお爺ちゃんでも、好きな人に任せるのがよいでしょう。

とっても伸びている女の子で、二人のお兄ちゃんと、将棋を楽しんだり、「なぞぺー」の問題を出しあったりしている例がありました。

作る・説明するが将来に繋がる

何かを作ることを喜ぶ人は、人生を豊かにできると思います。何かを作り続ける人は、作ったものが立派だから喜ぶのではなく、工夫して作ること自体が楽しいから喜

ボードゲームで論理力を
伸ばしましょう

ぶのです。何でも一生懸命やることで喜びが生まれてきますが、作ると、目の前に着々と作品ができ上がってくるので、楽しくなってきます。親として、このときに認め、一緒に喜んであげることが大切です。

たとえば、上位層の算数・数学のクラスでは、「問題を作ること」と「どういう別解を考えられるか」をひたすら競わせていました。

「理解」の最高の到達の状態は、

①問題を作れる。

②別解を考えられる。

③人に説明できる。

この三つなのです。これは、知的に余力がなければできない領域です。

幼児期や低学年時代にたまにあるのが、迷路が好きで好きで、放っておくと今度は自分で緻密《ちみつ》な迷路を作ってしまう子。こういう子は、あと伸びします。親としては、子どもが夢中になって作っているものがあったら、ぜひ作り続けさせてあげてください。あと伸びの秘訣であり、わが子の人生を豊かにする秘訣でもあるからです。

また、**負けず嫌いの性格の女の子は伸びます**。

花まる学習会のあるクラスでは、他の子が作ってきた別解がほめられているのを目にすると、必ず翌週にはもっとすごい別解を持ってくる女の子がいました。その子は、中学受験のトップ校・桜蔭中学校に軽々と合格していきました。

妻として好ましい人柄かという議論はあるでしょうが、こと受験にかぎっていうと、負けず嫌いが有利なのは間違いないです。

説明活動をたくさん経験させる

さて、説明活動についても、お伝えしましょう。これは、口頭でたくさんわが子に経験させたいところです。

たとえば、映画を観たり、本を読んだら、「桃太郎が鬼退治をした話」などのように、ひと言で要約をしていくのです。ここは親の対応が大事なキーポイントです。

よくありがちなのは、子どもが「えっと……桃が流れた話」とぽつぽつ話すのを、「え？　そうじゃないでしょ」と否定から入ることです。認められなければ、また話そういう意欲は失われてしまいます。

「それもそうだけど、◯◯が△△した話っていうほうがいいよね」と、最初は答えを言ってみせて導いてあげるのがいいでしょう。徐々に説明させる経験を積ませていってください。

低学年のうちは、「今日は何を習ってきたの、教えて」と聞くだけ聞いたらひと言「そう、すごいね」でいいのです。このことが将来、要点をとらえて、論理的に説明できる能力に繋がります。

「苦手」「嫌い」に逃げ込ませない

成長するにつれ、女の子の多くは国語や社会を得意科目とし、算数や理科を不得意科目としていくようです。それは、なぜでしょうか？

失敗パターンは共通です。小さい頃まで「計算」は得意なのです。「しっかりが美学」の女の子たちは、宿題もちゃんとやってくるし、実際にできています。計算は作業だから、ここまでは大丈夫です。

けれども、**「算数が好き」と言っているのは、たいてい小学三年生くらいまでです。**だんだんと、文章題が難しくなってくると面倒くさくなり、そのうち算数全体が「嫌い」「苦手」と言い出すようになるのです。

私は、この**「嫌い」と「苦手」という言葉が「人生を台無しにする」**と考えています。女の子はどうやらこの言葉を逃げの手段として使って、結局は自意識を縛っているように思えるのです。

本来、中学生までの勉強で、一生懸命やってもわからない教科なんてないはずなのです。

先日の花まる学習会の授業でのこと。ある小学一年生の女の子が、「四字熟語、嫌ーい」と言い出しました。他の子も便乗して「嫌ーい」と言っています。こういうときは、チャンスです。

「みんなちょっと聞いて！」と一瞬、授業をとめて話しはじめます。

「今、誰かの『嫌い』って言葉が聞こえたんだけど、小さい頃に嫌いとか苦手って言って、伸びた子はひとりもいないんだよ」と、まじめに話します。

小さい頃はかわいいもので、そうすると次の週には「私、四字熟語大好きー」と子どもたちは口ぐちに言い出すのです。

教育とは、「嫌いや苦手をいかになくしていくか」が勝負だともいえるでしょう。

お母さんやお父さんもＮＧワードに気をつけてください。

「この子、算数（国語）が苦手じゃないですか」

と、世間話でも言っていたら、神の声が響いていくかのように、本当に苦手になっていくのが子どもです。

特に女の子は、先生が好きだからその科目も好きになるという切りかえがないわけではないのですが、親の言葉で無用に苦手意識を持たせることだけは避けたいものです。

「数学ができる女子は浮く」に負けない

また、さらに詳しく言うと、文系ママが娘を算数嫌いにさせるパターンは、「さっさとその算数の宿題を終わらせれば、早く遊べるでしょ」という言葉がけ。

「勉強って、イヤなものなんだな」という親の無意識が言葉に出ています。

逆に理系ママで、算数や数学が好きだった母が、子どもを算数嫌いにさせるパター

先生が好きだからその科目も
好きになることも

ンとしてあるのが、「なんで、こんな問題もわからないの？」という言葉がけです。

自分ができる側で生きてきたから、娘のわからなさに寄り添えないのです。


そして、高校以降の段階では、男子より数学で秀でるのは至難の技で、抽象的で現実味のない話（X、Y、sin、cos、速さ、物理系など）が展開される高校数学は、いよいよイヤになってくるようです。

「まったく愛せない」と言っていた女の子もいます。


ただし、くり返しますが、ここで大事なのは、「逃げ」の姿勢を取らせないことです。中学の勉強までは、やれば必ずできるという信念を親こそが持つべきです。

「私、算数が苦手なんだよね」と言い出したら、

「本当に？　まだ一生懸命やっていないだけじゃないの？」

と、言葉に逃げ込まないようにすべきです。

また、女の子独特の文化（女子で数学ができると浮いてしまう）に負けないようにすることも大切です。

第2章の話ではないですが、「言葉」は「意識」を縛るので怖いのです。

算数や数学を得意科目にできた女の子たちに共通するのは、次の三点です。

①勝ち味とまじめさで粘り強くがんばる。
②「わからないことは一つも残さない」勉強法を貫く。
③筋のいい先生（教科のおもしろみや深みを伝えてくれる人）につく。

習い事としては、囲碁は論理的思考力を養うには最適ですし、楽器もいいでしょう。ピアノや、吹奏楽をしている子たちは勉強ができる子が多いな、と思います。楽器は半音でも間違えると演奏が台無しだし、指導者に叱られます。最大限の緻密さが問われます。

また、時間芸術なので、先を読む力や見えないものを想像する力、集中力、一発勝負に強くなるなど、多くの力を得ることができます。

みなさんが、お子さんの「学力」を伸ばそうと思うならば、ぜひ参考にしてください。

おわりに

『お母さんのための「女の子」の育て方』、いかがでしたでしょうか。

「そうそう」、もしくは「そうかなぁ?」と、いろんな感想があるかと思います。

教育現場での二〇年を経て、「少しでもお母さんたちの気持ちや子育てが楽になるように」と、自分の目で見てきて実感していることをお伝えしてきました。

最後にお伝えしたいのは、母娘間においては
「言葉」と「無意識のえこひいき」に本当に気をつけて、ということです。

思春期以降の女性同士は、いったん相手を「許せないゾーン」に入れると、本当に一生、そのまま許せないようです。

また、「言われた言葉を忘れない」のも大きな特徴です。

「四年生のころ、料理を手伝えって言われたから手伝ったのに、『あんたがいると邪魔よ、あっち行ってなさい』と言われたんです。母を一生許せません」と言うNさん。

「妹が同じことをしても怒らないのに、私がやると母は怒るんです。たとえば、牛乳をちょっとこぼしたら『まったく、いつもあんたはそうなんだから！』って言うんです。何で私ばっかりって思っていました」と言うSさん。

「私が家に帰ると、目を合わせて『おかえり』とは言ってくれるんです。いい母であろうとしていたと思います。でも『ケーキ買ってきたよ』と言いながら、最初に顔を向けるのは、必ず弟でした」と言うFさん。

母になった皆さんには、娘が「すねているな、少し光が当たっていないな、最近扱いにくいな、心から話せていないな」と思ったら、ぜひ試してほしいことがあります。

それは**物理的な一対一の時間を意識的に作ること**です。

「ひとりっ子作戦」と呼んでいます。

たとえば、「週末の買い物は、必ず娘と行く」という簡単なことで構いません。幼児期はてきめんに効いて、欠けていた三日月が満ちていくように、自信が回復していきます。

兄弟姉妹がいる子もそうでない子も、誰もが母をひとりじめすることに飢えているのです。

思春期に入って、簡単には心を開かなくなってきた子には、たとえばドライブしながら目線を合わさずに話すのもお勧めです。ポツポツと話すだけで、「この子は今、こんなことを思っているんだ」と、目が開かれる思いがするでしょう。

どんなに母とけんかしてバトルをしても、「やっぱり、お母さんが好き」なのが子どもの本質です。そして、娘の「自立」まで、一緒にいられる期間は長いように思えても、短いものです。

そして、母である皆さんもどうぞ適度な息ぬきを忘れずに。母として「よい加減」で育児をしている人たちには、子育ての手助けになる様々なカードがあります。「実母」「ママ友」「アイドル」「仕事」……など。

子どもとがっちり四つに組んでまじめすぎる子育てをすると、子どもも息苦しくなるものです。

母がいきいきと日々過ごすことこそが、娘にとって何よりも人生の指針となるのです。

「多くのプラスの言葉がけ」と「母娘の豊かなおしゃべり」で、「メシが食えて、誰からも好かれる」女性に、皆さんのお子さんを育てていただければ、これ以上嬉しいことはありません。

皆さんの「女の子の育て方」によって、日本の未来が新たに創られていくのです。

二〇一三年八月

花まる学習会代表　高濱正伸

高濱正伸（たかはま　まさのぶ）
テレビ「情熱大陸」「カンブリア宮殿」「ソロモン流」、朝日新聞土曜版「be」、雑誌「週刊女性」「AERA with Kids」などに登場している、熱血先生。
保護者などを対象にした年間130回をこなす講演会には、“追っかけママ”もいるほどの人気ぶり。

1959年熊本県生まれ。東京大学・同大学院修士課程修了。1993年、「数理的思考力」「国語力」「野外体験」を重視した、小学校低学年向けの学習教室「花まる学習会」を設立。算数オリンピック委員会理事。

主な著書に『働くお母さんの子どもを伸ばす育て方』『お母さんのための「男の子」の育て方』『高濱コラム　子どもたちを育てる目』『子どもに教えてあげたいノートの取り方』『13歳のキミへ』（以上、実務教育出版）、『算数脳パズル　なぞペー』（草思社）、『小3までに育てたい算数脳』（健康ジャーナル社）など。監修書に『天才くらぶ　チャレペー①～④』（実務教育出版）。

お母さんのための「女の子」の育て方

2013年9月30日　初版第1刷発行
2020年8月10日　初版第5刷発行

著　者　高濱正伸
発行者　小山隆之
発行所　株式会社 実務教育出版
163-8671　東京都新宿区新宿1-1-12
電話　03-3355-1812（編集）　03-3355-1951（販売）
振替　00160-0-78270

印刷／日本制作センター　　製本／東京美術紙工

ISBN978-4-7889-1067-6　C0037

[ISBN978-4-7889-1052-2]